Gustav Hartenstein

Locke´s Lehre von der menschlichen Erkenntnis

in Vergleichung mit Leibniz´s Kritik derselben

Verlag
der
Wissenschaften

Gustav Hartenstein

Locke´s Lehre von der menschlichen Erkenntnis

in Vergleichung mit Leibniz´s Kritik derselben

ISBN/EAN: 9783957004901

Auflage: 1

Erscheinungsjahr: 2015

Erscheinungsort: Norderstedt, Deutschland

Hergestellt in Europa, USA, Kanada, Australien, Japan
Verlag der Wissenschaften in Hansebooks GmbH, Norderstedt

LOCKE'S LEHRE

VON DER

MENSCHLICHEN ERKENNTNISS

IN VERGLEICHUNG

MIT

LEIBNIZ'S KRITIK DERSELBEN

DARGESTELLT

VON

G. HARTENSTEIN.

Des IV. Bandes der Abhandlungen der philologisch-historischen Classe der Königl. Sächsischen Gesellschaft der Wissenschaften

N[0] II.

LEIPZIG

BEI S. HIRZEL.

1861.

LOCKE'S LEHRE

VON DER MENSCHLICHEN ERKENNTNISS

IN VERGLEICHUNG

MIT LEIBNIZ'S KRITIK DERSELBEN

DARGESTELLT

VON

G. HARTENSTEIN.

Der Verschiedenheit der Ansicht über den Ursprung der menschlichen Vorstellungen und Begriffe ist nicht erst seit Kant eine über die Grenzen der Psychologie hinausgreifende Bedeutung beigelegt worden. Nachdem jedoch Kant für die »Geschichte der reinen Vernunft« allgemeine Gesichtspunkte aufgestellt hatte, auf welche sich die wesentliche Verschiedenheit der metaphysischen Versuche sollte zurückführen lassen, von denen der eine eben die Verschiedenheit der Ansichten über den Ursprung der Begriffe als Unterscheidungsmerkmal hervorhob,[1]) sind neben Aristoteles und Plato Locke und Leibniz vorzugsweise als Repräsentanten zweier ganz verschiedener philosophischer Denkweisen angesehen und der Gegensatz der psychologischen Ansicht über den Ursprung der Begriffe, ob sie aus der Erfahrung entlehnt oder angeboren seien, nicht nur für ein Merkmal, sondern auch für den Grund der divergirenden Richtungen dieser Denker, ja der metaphysischen Lehrmeinungen überhaupt gehalten worden. Während jedoch bei Leibniz vorzugsweise dessen Metaphysik die Aufmerksamkeit auf sich gezogen hat, sind die Untersuchungen Locke's über die menschliche Erkenntniss vorzugsweise von Seiten der in ihnen niedergelegten psychologischen Erörterungen ins Auge gefasst worden, und die Bedeutung des ihm im Gegensatze zu Leibniz beigelegten Empirismus und Sensualismus für die Metaphysik erschien als so geringfügig, dass man auch da, wo man dem absoluten Idealismus der nachkantischen Philosophie in Deutschland nicht huldigte, ihn höchstens als einen Vertreter des gewöhnlichen gesunden Menschenverstandes hat gelten lassen. Dieses Urtheil hat sich in neuester Zeit zum Theil dahin modificirt, dass man die grosse Bedeutung Locke's nicht blos für seine Zeit, sondern für die Geschichte der Philosophie überhaupt wieder bereitwillig anerkannt hat. Drobisch hat

1) Kant, Krit. d. rein. Vern. (Werke herausg. von Hartenstein) Bd. II, S. 634

ihn mit Recht als den »Vorläufer Kant's« bezeichnet; Charles de Rémusat hebt in einem lesenswerthen Aufsatze über ihn hervor,[2]) dass er, obgleich keines seiner Werke den Stempel des Genies trägt, obgleich ihnen der Glanz der Einbildungskraft, der Schwung der Leidenschaft, überhaupt alles Blendende, Aufregende, Fortreissende fehlt, obgleich seine Darstellung, wenn auch nicht nachlässig, doch oft bequem und weitschweifig ist, obgleich er das Nachdenken weit mehr anregt, als befriedigt, doch wenigstens in Frankreich und England ein Jahrhundert mit seiner Denkweise beherrscht hat. Der Grund davon liegt nicht blos in der leichten Zugänglichkeit seiner Lehre; sein Werk ist immer noch trocken und ernsthaft genug, um flüchtige oder nach glänzenden Resultaten mehr, als nach gründlichen Untersuchungen begierige Leser zu ermüden und abzuschrecken; — sondern vor Allem in seiner Unbefangenheit, seiner Ehrlichkeit und aufrichtigen Wahrheitsliebe, in der Entschlossenheit, mit welcher er althergebrachte Lehrmeinungen seiner Kritik unterwirft, in dem Muthe, auf die Einbildung einer Einsicht, die keine ist, lieber Verzicht zu leisten, als sich und Andere durch unbegründete Sätze in wissenschaftliche Selbsttäuschungen verstricken zu lassen. Diese Eigenschaften theilt er mit allen wirklich grossen Denkern, vor Allem mit Kant; und durch diese Eigenschaften hat er ein Jahrhundert beherrscht, welches nicht durchaus so frivol war, als man häufig gemeint hat, und für dessen Frivolitäten wenigstens er selbst nicht verantwortlich ist.

Jedenfalls haben seine Untersuchungen bei seinem grossen Zeitgenossen Leibniz, dem Niemand eine Hinneigung zu den Leichtfertigkeiten einer späteren Zeit Schuld geben wird, eine Aufmerksamkeit erregt, die es diesem der Mühe werth erscheinen liess, ihnen eine Arbeit, die *nouveaux essais sur l'entendement humain* zu widmen, die neben der Theodicee die ausführlichste unter allen seinen philosophischen Schriften ist. An ein Werk, welches ihm unbedeutend erschienen wäre, würde Leibniz schwerlich diese speziell eingehende Sorgfalt gewendet haben; an der blossen Polemik als solcher hatte er keine Freude, und wie häufig

---

2) Drobisch »über Locke den Vorläufer Kant's« in d. Zeitschr. für exacte Philos. Bd. II, S. 1. — Charl. de Rémusat, *Locke, sa vie et ses oeuvres.* (*Revue de deux mondes* 1859. *T.* 23.) Auch Schärer in seiner Schrift: »J. Locke, seine Verstandestheorie und seine Lehren über Religion, Staat und Erziehung« (Leipz. 1860) sagt S. 77: »Locke gehört unstreitig zu den Philosophen ersten Rangs.«

auch Locke's Buch ihm lediglich als Anknüpfungspunkt für die Darlegung seiner eigenen Ansichten dient, ohne eine Uebereinstimmung in sehr wichtigen Punkten würde er schwerlich Veranlassung genommen haben, die Darlegung seiner eigenen Gedanken gerade an das Locke'sche Werk anzuknüpfen. Seine Kritik ist, auch wo er wirklich polemisirt, durchaus im Tone der Achtung gehalten; sie verräth nur in seltenen Fällen einen Anflug einer lebhafteren Erregung, und ein starker Beweis seiner Hochachtung liegt überdies darin, dass er die Veröffentlichung seiner im J. 1704 entstandenen *nouveaux essais* unterliess, weil Locke unterdessen gestorben war.[3])

Indem nun der Versuch gemacht werden soll, dem Verhältniss zwischen der Locke'schen und Leibnizischen Theorie der Erkenntniss, d. h. ihrer Lehre über die Grundlagen, Methoden und Grenzen derselben eine spezielle Erörterung zu widmen, scheint es zweckmässig erst die Lehre Locke's im Zusammenhange vor Augen zu legen, um an ihr die Vergleichungspunkte sowohl für die zustimmenden als für die abweichenden Erörterungen Leibniz's zu gewinnen. Diese Untersuchung erscheint insofern nicht als überflüssig, als die Darstellungen des Lehrbegriffs beider Denker ihren Gegensatz in Beziehung auf die Theorie der Erkenntniss gewöhnlich grösser erscheinen lassen, als er sich bei einem eingehenden Studium ihrer Schriften zeigt und überdies die gewöhnliche Schätzung Locken Leibniz gegenüber eine so untergeordnete Stellung anweist, dass es der Mühe werth ist, die Ausgangspunkte, die Richtung und den Erfolg der Leibnizischen Polemik gegen ihn, sofern eine solche wirklich vorhanden ist, einer genaueren Prüfung zu unterwerfen. Da es dabei nicht blos auf allgemeine Umrisse, sondern auf das Einzelne ankommt, so mag es erlaubt sein, in der Mittheilung der Belegstellen nicht allzu sparsam zu sein, um so mehr, als die Anführung der eigenen Worte beider Denker nicht selten als eine weitere Ausführung des im Texte Gesagten wird angesehen werden können.

---

3) *Mr. Hugony*, schreibt Leibniz an *Rémond de Montmort* unter dem 14. März 1714, *a vu mes reflexions assez étendues sur l'ouvrage de Mr. Locke. Mais je me suis dégouté de publier des réfutations des auteurs morts, quoiqu'elles dussent paraitre durant leur vie et étre communiquées à eux mêmes.*

I.

Die Ueberzeugung, dass die Untersuchung des Erkenntnissvermögens nothwendig sei, um die Grenzen zwischen dem dem Menschen erreichbaren und dem ihm unerreichbaren, dem wahren und dem eingebildeten Wissen zu ziehen und somit den Grund und Boden für jede auf die metaphysische Erkenntniss der Welt gerichtete Untersuchung abzustecken, spricht Locke im Eingange seines Werkes mit derselben Bestimmtheit aus, wie Kant in der Vorrede zur Kritik der reinen Vernunft. Die Veranlassung seines Nachdenkens über diesen Gegenstand waren Gespräche zwischen ihm und seinen Freunden über Fragen, die zunächst mit der Frage nach dem Ursprunge und den Grenzen der Erkenntniss nichts gemein hatten; aber die Schwierigkeiten, in die sie sich verwickelten, ohne sie lösen zu können, liessen in Locke den Gedanken entstehen, dass sie überhaupt mit der ganzen Discussion auf einem falschen Wege seien, und dass, bevor man sich auf dergleichen Fragen einlasse, man erst die Fähigkeit zu erkennen untersuchen müsse, um zu bestimmen, was innerhalb und was ausserhalb derselben liege.[4] Die Möglichkeit des Erfolgs einer solchen Untersuchung setzt er voraus, obgleich er ihre Schwierigkeiten nicht verkennt; denn da das Erkenntnissvermögen dem Auge gleiche, welches uns die Dinge sichtbar mache ohne sich selbst zu sehen, so gehöre Kunst und Anstrengung dazu, es in eine gewisse Entfernung zu rücken und selbst zum Gegenstande der Betrachtung zu machen.[5] Die Aufgabe, die er sich stellt, ist den Ursprung, die Gewissheit und den Umfang der menschlichen Erkenntniss, so wie die Gründe und Grade des Glaubens, der Meinung und des Fürwahrhaltens zu untersuchen, die bei den Menschen in Beziehung auf die verschiede-

---

4) Locke *Ess. concern. hum. understand.* (17 *edit. London* 1775) *Epistle to the reader* (*p.* 2): *After we had a while puzzled ourselves, without coming any nearer a resolution of those doubts which perplexed us, it came into my thoughts, that we took a wrong course, and that before we set ourselves upon enquiries of that nature, it was necessary to examine our own abilities and see what objects our understandings were, or were not, fitted to deel with.* Die Introduction vor dem 1. Buch spricht jedoch § 1 nicht gerade von der Nothwendigkeit, sondern blos von der Nützlichkeit einer solchen Untersuchung.

5) a. O. *Introduct.* § 1 (*p.* 1).

nen Objecte der Erkenntniss sich vorfinden; und er thut dabei von vorn herein Verzicht auf eine physikalische oder metaphysische Untersuchung des Wesens der Seele; er hält es für seinen Zweck für ausreichend, die verschiedenen Vermögen der Erkenntniss, die sich in dem Menschen vereinigt finden, in so fern zu untersuchen, als sie ihre Thätigkeit in Beziehung auf die der menschlichen Auffassung sich darbietenden Objecte der Erkenntniss ausüben, und so in einfach historischer Weise darzulegen, durch welche Mittel der Mensch zu den Vorstellungen, die er über die Dinge thatsächlich hat, gelange, und darnach die Grenzlinie zwischen gewisser Erkenntniss und den über die Dinge herrschenden Meinungen zu bestimmen; Meinungen, die so verschiedenartig, zum Theil einander so entgegengesetzt seien und doch so zärtlich gehegt oder so leidenschaftlich vertheidigt und bestritten werden, dass man vermuthen möchte, entweder es gebe überhaupt keine Wahrheit, oder dem Menschen stehe wenigstens kein Mittel zu Gebote sich ihrer zu versichern.[6]) Es ist also eine empirische Analyse des menschlichen Vorstellungs- und Gedankenkreises, von welcher Locke die Entscheidung über Wahrheit und Irrthum, Wissen und Meinen erwartet und ganz in ähnlicher Weise, wie Kant das Endresultat der Kritik der reinen Vernunft ausspricht, deutet Locke sogleich im Eingange seines Werks an, dass, obwohl eine solche Untersuchung den Skepticismus zurückzuweisen und der Faulheit im Denken ihre Vorwände zu nehmen im Stande sei, doch durch sie alle unfruchtbaren Streitigkeiten über Fragen, deren Beantwortung ausserhalb der menschlichen Erkenntniss liege, abgeschnitten werden.[7]) Wenn

6) a. a. O. § 2 *This being my purpose, to enquire into the original, certainty and extent of human knowledge, together with the grounds and degrees of belief, opinion and assent, I shall not at present meddle with the physical constitution of our mind, or trouble myself to examine, wherein its essence consists. It shall suffice to my present purpose, to consider the discerning faculties of a man, as they are employed about the objects, which the have to do whith; and I shall imagine I have not wholly misemployed myself in the thoughts I shall have on this occasion, if in this historical plain method I can give any account of the ways, whereby our understandings come to attain those notions of things we have and can set down any measures of the certainty of our knowledge* u. s. w.

7) Kant, Krit. d. r. V. Bd. II, S. 531. Locke, *Introduct.* § 6. 7. Selbst das Bild vom Ocean, auf den sich das menschliche Denken hinauswage und auf dem es sich ohne Selbstkritik in lauter Irrfahrten zu verlieren in Gefahr sei, welches Kant (a. a. O. S. 236) so beredt ausmalt, findet sich bei Locke a. a. O.

dabei Kant die Geschichte der Metaphysik überhaupt im Auge hat, welche »ein Kampfplatz sey, der ganz eigentlich dazu bestimmt zu seyn scheine, die Kräfte im Scheingefecht zu üben, auf dem noch niemals irgend ein Fechter sich den kleinsten Platz habe erkämpfen und auf seinen Sieg einen dauerhaften Besitz habe gründen können«, so liegt darin, dass Locke zunächst die Grundlosigkeit der herrschenden Schulmetaphysik seiner Zeit vor Augen zu legen bemüht ist, keine wesentliche Verschiedenheit der Endabsicht beider Denker;[8]) denn denselben Dogmatismus, welchen Locke bekämpft, fand auch noch Kant vor.

Um sich für seine Untersuchung den Grund und Boden zu ebnen, beginnt Locke mit der Kritik der Annahme angeborner Vorstellungen oder vielmehr angeborner Erkenntnissprincipien. Er schickt dabei die Bemerkung voraus, dass diese Annahme unnöthig sei, sobald sich nachweisen lasse, auf welche Weise der Mensch die Erkenntniss, welche er wirklich habe, erwirbt; aber abgesehen davon, erklärt er die Annahme selbst für unhaltbar. Ihre Hauptstütze liege in der Berufung darauf, dass es gewisse sowohl theoretische als praktische Sätze gebe, über deren Wahrheit ein schlechthin allgemeines Einverständniss herrsche. Aber abgesehen davon, dass dieses allgemeine Einverständniss, selbst wenn es sich factisch nachweisen liesse, nichts für das Angeborensein beweisen würde,[9]) lasse es sich thatsächlich gar nicht nachweisen; es

8) Kant, Kr. d. r. V. S. 17. Locke, *Epistle to the reader* (S. 6): *In an age, that produces such masters, as the great Huygenius and the incomparable Mr. Newton, 'tis ambition enough to be employed as an under-labourer in clearing the ground a little and removing some of the rubbish that lies in the way of knowledge; which certainly had been very much more advanced in the world, if the endeavours of ingenious and industrious man had not been much cumbered with the learned but frivolous use of uncouth, affected and unintelligible terms, introduced into the sciences, and there made an art of, to that degree, that philosophy, which is nothing but the true knowledge of things, was thought unfit or uncapable to be brought into well-bred company and polite conversation.*

9) B. I, ch. I. § 3. *This argument drawn from tho universal consent, had this misfortune in it, that if it were true in matter of fact, that there were certain truths, wherein all mankind agreed, it would not prove them innate, if there can be any other way shewn, how man may come to that universal agreement in the things they do consent in.* § 18 führt aus, dass Sätze wie: süss ist nicht bitter, ein Kreis ist kein Viereck und unzählige andere dann ebenfalls für angeboren erklärt werden müssten. Auch könne man nicht sagen, dass die Anerkennung solcher Sätze Folge der Anwendung eines allgemeinen Princips, etwa des Satzes des Widerspruches sei. § 20 *As to the difference to being more general, that makes this maxim more remote from being innate, those general and abstract ideas being more strangers to our first apprehensions* u. s. w.

gebe genug Menschen, denen solche angeblich angeborne Wahrheiten wie z. B. der Satz des Widerspruchs in dieser Form gar nicht zum Bewusstsein kommen.[10]) Dem gegenüber berufe man sich darauf, dass angeborene Principien solche seien, deren Wahrheit der Mensch anerkenne, sobald er zum Gebrauche seiner Vernunft[11]) komme. Solle das so viel heissen als der Mensch entdecke diese Wahrheiten durch den Gebrauch der Vernunft, so übertrage man der Vernunft ein sehr unnöthiges Geschäft; warum soll sie erst entdecken, was der Mensch schon besitzt?[12]) Bedenke man ferner, dass die Vernunft das Vermögen ist, aus bekannten Principien unbekannte Sätze abzuleiten, so müsste man einen mathematischen Lehrsatz eben so für angeboren erklären, wie ein mathematisches Axiom; die unmittelbare Zustimmung endlich, die uns gewisse Sätze abnöthigen, beruhe auf einer andern Operation des Geistes, als auf der des discursiven Denkens; beruhte sie hierauf, so wäre das eben ein Beweis, dass jene Sätze nicht angeboren sind.[13]) Solle aber der obige Satz eine Zeitbestimmung enthalten und so viel heissen als: eine angeborne Wahrheit kommt zum Bewusstsein des Menschen, sobald sein Vernunftgebrauch beginnt, so würde, selbst angenommen, dass dies wirklich der Fall sei, auch das nichts beweisen. Denn wie folgt das Angeborensein einer Wahrheit daraus, dass mit dem Gebrauche oder der Thätigkeit eines gewissen Vermögens das Bewusstsein und die

---

10) a. a. O. § 5 *'Tis evident, that all children and idiots have not the least apprehension or thought of them, and the want of that is enough to destroy that universal assent, . it seeming to me near a contradiction to say, that were any truths imprinted on the soul, which it perceives or understands not; imprinting, if it signifies any thing, being nothing else, but the making certain truths to be perceived. For to imprint any thing on the mind, without the minds perceiving it, seems to me hardly intelligible.*

11) Es mag erlaubt sein, das Wort *reason* durch Vernunft zu übersetzen. Locke kennt den Unterschied der Kant'schen Philosophie zwischen Verstand und Vernunft nicht; *reason* ist ihm das Vermögen des discursiven Denkens. B. IV, ch. XVII.

12) a. a. O. § 9. *To make reason discover those truths thus imprinted, is to say, that the use of reason discovers to a man, what he knew before; and if men have those innate, impressed truths originally and before the use of reason, and yet are always ignorant of them, till the come to the use of reason, 'tis in effect to say, that men know and know them not, at the same time.*

13) a. a. O. § 11. *Those who will take the pains to reflect with a little attention on the operations of the understanding, will find that this ready assent of the mind to some truths depends not either on native inscription or the use of reason, but on a faculty of the mind quite distinct from both of them, as we shall see hereafter.*

Anerkennung derselben eintritt?[14]) Gerade der Umstand, dass die angeblich angebornen Sätze dargelegt werden müssen, um als wahr anerkannt zu werden, zeige, dass sie nicht angeboren sind; sie enthalten den Ausdruck eines vorher nicht vorhandenen Wissens.[15]) Zu sagen, dass die Erkenntniss solcher Sätze, bevor sie dargelegt und anerkannt sind, nur *implicite*, nicht *explicite* uns inwohne, heisse im Grunde nichts Anderes sagen, als ihre Erkenntniss sei möglich, und das gelte von einer Masse von Erkenntnissen, die Niemand für angeboren erkläre.[16]) Wirklich angeborne Wahrheiten müssten sich nicht nur vor allen andern Erkenntnissen als deren Grundlagen, sondern auch als solche mit voller Deutlichkeit und Bestimmtheit im Bewusstsein ankündigen; aber weder das eine noch das andere sei der Fall.[17]) Ueberhaupt könne von angebornen Principien, die, insofern sie Wahrheiten sein wollen, immer Sätze sein müssen, nicht die Rede sein, so lange nicht bewiesen sei, dass es angeborne Begriffe gibt und Locke gesteht, er werde demjenigen sehr dankbar sein, der ihm einen Satz nachweise, bei welchem die in ihm vorkommenden Begriffe für angeboren erklärt werden müssen.[18]) Die Probe, ob die in den angeblich angebornen Sätzen enthaltenen Begriffe angeboren seien, könne man bei jedem Kinde machen, um zu prüfen, mit welchem Rechte die Begriffe Identität und Verschiedenheit, Ganzes und Theil, Einheit, Unendlichkeit, Ewigkeit (als das Hauptmerkmal im Begriffe Gottes) u. s. w. für angeboren erklärt werden kön-

---

14) a. a. O. § 14. *By what kind of logic will it appear, that any notion is originally by nature imprinted in the mind in its first constitution, because it comes first to be observed and assented to, when a faculty of the mind, which has quite a distinct province, begins to exert itself?*

15) a. a. O. § 21. *This cannot be denied, that men grow first acquainted with many of these self-evident truths, upon their being proposed; but it is clear, that whosoever does so, finds in himself, that he then begins to know a proposition, which he knew not before.*

16) a. a. O. § 22. *It will be hard to conceive what is meant by a principle imprinted on the understanding implicitly, unless it be this that the mind is capable of understanding and assenting firmly to such propositions. And thus all mathematical demonstrations as well as first principles must be received as native impressions of the mind, which I fear they will scarce allow them to be, who find it harder to demonstrate a proposition, then assent to it when demonstrated.*

17) Die Ausführung § 24—27.

18) a. a. O. § 23. *I would gladly have any one name the proposition, whose terms or ideas were either of them innate.* Vgl. ch. III, § 19.

nen.[19]) Eine Vorstellung, von der wir kein Bewusstsein haben, sei keine Vorstellung; eine Vorstellung, die ins Bewusstsein eintrete, sei entweder eine neue, vorher nicht gehabte, oder eine früher erworbene, im Gedächtniss aufbewahrte, und Niemand könne ein Beispiel auch nur einer einzigen angeblich angebornen Vorstellung nachweisen, deren er sich als einer in seinem Bewusstsein vorhandenen unabhängig von den Veranlassungen bewusst werden könnte, bei welchen sie entstanden ist.[20]) Gibt es mithin keine angebornen Vorstellungen, so gibt es auch keine angebornen Sätze und Wahrheiten.

Dies gilt von den sogenannten praktischen Principien nicht minder, als von den speculativen oder theoretischen. Die empirische Berufung auf die allgemeine Uebereinstimmung rücksichtlich gewisser sittlicher Anforderungen ist noch weniger begründet, als die auf die Uebereinstimmung über gewisse theoretische Erkenntnisse; die Thatsache, dass die angeblich angebornen praktischen Principien nicht befolgt werden, beraubt sie eigentlich ihres praktischen, das Wollen bestimmenden Charakters und lässt sie zu blos theoretischen Sätzen herabsinken;[21]) natürliche, allgemein verbreitete Neigungen beweisen dafür nicht das Geringste; gerade auf praktischem Gebiete ist die Verschiedenheit der Urtheile und Handlungen eine handgreifliche Thatsache; und die weitverbreitete Billigung, welche offenbar unmoralische Handlungen bei ganzen Völkern gefunden haben, zeigt, dass das, was man Gewissen nennt, nichts ist, als die eben vorhandene Meinung des Handelnden über die

---

19) B. I, ch. III. § 2—18.

20) a. a. O. § 20. *I desire an instance of an idea, pretended to be innate, which (before any impression of it) any one could revise and remember as an idea he had formerly known; without which consciousness of a former perception there is no remembrance, and whatever idea comes into the mind without that consciousness, is not remembrance or comes not out of memory, nor can be said to be in the mind before that appearance. For what is not either actually in view or in the memory, not can be said to be in the mind before that appearance.*

21) B. I, ch. II. § 3. *First, I have always thought, the actions of men the best interpreters of their thoughts. But since it is certain, that most mens practices and some men's open professions have either questioned or denied these principles, it is impossible to establish an universal consent, without which it is impossible to conclude them innate. Secondly, 'tis very strange and unreasonable to suppose innate practical principles, that terminate only in contemplation. Practical principles derived from nature are there for operation and must produce conformity of action, not barely speculative assent to their truth, or else they are in vain distinguished from speculative maxims.*

Rechtmässigkeit oder Unrechtmässigkeit gewisser Handlungen.[22]) Zu sagen, dass die angebornen praktischen Principien durch Gewohnheit, Erziehung u. s. w. verdunkelt, ja ganz verwischt werden können, heisst eben zugestehen, dass es über sie keine allgemeine Uebereinstimmung gebe, auf welche doch das Angeborensein derselben gegründet werden sollte, wenn man nicht etwa seinen eigenen Ueberzeugungen allgemeine Gültigkeit beilegen und sie eben darum für angeboren erklären oder behaupten will, dass Sätze, welche manche Menschen nicht anerkennen, doch von allen Menschen anerkannt werden.[23])

Bei dieser Bestreitung angeborner Vorstellungen und angeborner Sätze, — denn für die Frage nach den Gründen der Erkenntniss sind nicht sowohl jene als diese das Entscheidende, — beruft sich Locke nirgends auf ein vorausgesetztes Wissen über die Natur und das Wesen der Seele, sondern alle seine Gegengründe bewegen sich um die beiden Hauptgesichtspunkte, dass die Thatsachen der Erfahrung zu jener Annahme nicht passen und dass wirklich angeborne Begriffe und Sätze sich in einer ganz andern Weise ankündigen und wirksam zeigen müssten, als nachweislich der Fall ist.

Gibt es keine angebornen Begriffe und Sätze, die das ursprüngliche, durch nichts vermittelte Eigenthum der Seele sind, ist also die letztere ursprünglich ohne alle Vorstellungen, so kann der Ursprung aller Vorstellungen nur in der Erfahrung liegen. Die Erfahrung hat ein doppeltes Gebiet, das der äusseren und das der inneren Wahrnehmung; die erstere bezeichnet Locke als Sensation, die zweite als Reflexion. Sensation ist die durch die Sinne vermittelte Wahrnehmung äusserer Gegenstände; Reflexion die Wahrnehmung der Thätigkeiten der Seele in Beziehung auf die durch die Sinne dargebotenen Vorstellungen; die letztere nennt er Reflexion, weil die Thätigkeiten der Seele durch die innere Auffassung, durch eine Art inneren Sinnes Object der Auffassung und dadurch Inhalt des Bewusstseins werden.[24])

---

22) a. a. O. § 8. *Conscience is nothing else but our own opinion or judgment of the moral rectitude or pravity of our own actions. And if conscience be a proof of innate principles, contraries may be innate principles, since some men with the same bent of conscience prosecute what others avoid.*

23) a. a. O. § 20.

24) B. II, ch. I. § 2. *Let us then suppose the mind to be, as we say, white paper, void of all characters, without any ideas; how comes it to be furnished? whence comes it*

Sensation und Reflexion bieten uns den gesammten Inhalt unseres Vorstellungskreises dar und es lässt sich kein Bestandtheil desselben nachweisen, der nicht auf eine dieser beiden Quellen oder auf beide verbunden zurückgeführt werden könnte.

Diese von Locke ganz allgemein ausgesprochnen Sätze hätten verhindern sollen, seine Lehre von vorn herein als einen reinen Sensualismus zu bezeichnen; die Thatsache, dass nicht nur das, was im Bewusstsein geschieht, sondern auch die geistige Thätigkeit selbst Gegenstand der inneren Auffassung ist und dass die innere Auffassung dieser Thätigkeiten Beiträge zu dem menschlichen Vorstellungskreise darbietet, welche auf die sinnliche Empfindung nicht zurückgeführt werden können, sammt der darin liegenden Ueberschreitung des Sensualismus ist geradezu die eine und zwar die wichtigere Hälfte seiner Grundansicht. Nur können die Vorstellungen, durch welche wir die inneren Thätigkeiten bezeichnen, nicht eher zum Bewusstsein kommen, als die sinnliche Empfindung diesen Thätigkeiten ein Material dargeboten hat; der Mensch kann die Vorstellung des Empfindens, Denkens, Wollens u. s. w. nicht eher haben, als er empfunden, gedacht, gewollt hat, und selbst dann bedarf es der Aufmerksamkeit, um diese verschiedenen Arten des geistigen Thuns zum Bewusstsein zu bringen.[25]) Locke behauptet nicht, dass der Inhalt der sinnlichen Empfindung der ausschliessliche Inhalt des Bewusstseins sei; aber er spricht den Satz aus, dass die sinnliche Empfindung die Bedingung der Ausübung der übrigen geistigen Thätig-

---

by that vaste store, which the business and boundless fancy of men has painted in it? .... To this I answer, in one word, from experience Our observation employed either about external sensible objects, or about the internal operations of our mind, perceived and reflected on by ourselves, is that which supplies our understanding with all the materials of thinking § 3. This great source of most of the ideas we have depending wholly upon our senses and derived by them to the understanding, I call sensation. § 4. The other source tho' it be no sense, as having nothing to do with external objects, yet it is very like it and might properly enough be called internal sense I call this reflection. By reflection I would be understood to mean that notice, which the mind takes of its own operations and the manner of them, by reason whereof there come to be ideas of these operations in the understanding.

25) a. a. O. § 7. 8. *Children, when they come first into it, are surrounded with a world of new things, which by a constant sollicitation of their senses draw the mind constantly to them . Men's business (in the first years) is to acquaint themselves with what is to be found without, and so growing up in constant attention to outward sensations, seldom make a considerable reflection on what passes within them* u. s. w.

keiten ist; er spricht diesen Satz aus im Zusammenhange mit seiner Polemik gegen die Behauptung der cartesianischen Schule, dass die Seele immer denke, d. h. dass das Denken eben so das Wesen der Seele, wie die Ausdehnung das Wesen des Körpers sei.[26]) Gleichwohl ist ihm die Reflexion nicht eine verwandelte, weiter entwickelte Sinnlichkeit; sondern so vorsichtig er auch vermeidet über das Wesen der Seele und ihrer Wirkungsart etwas dogmatisch zu behaupten, so ist doch ihre Befähigung, sich auf Grundlage der sinnlichen Empfindung eine diese überschreitende Welt von Vorstellungen, Gedanken, Bestrebungen aufzubauen, etwas, was nicht anzuerkennen der unbefangenen Beobachtung unmöglich sei.[27]) Gerade darin, dass der menschliche Vorstellungskreis die sinnliche Empfindung überschreitet, findet Locke das wesentliche Motiv, das Mannigfaltige, was sich dem Bewusstsein als sein Inhalt darbietet, insofern es darauf Anspruch macht, Erkenntniss zu sein, einer prüfenden Kritik zu unterwerfen.

II.

Auf dieser Grundlage unternimmt nun Locke eine Analyse des menschlichen Vorstellungskreises, wie er wirklich beschaffen ist; er versucht ihn in seine Elemente zu zerlegen und den Beitrag zu bestimmen, den diese Elemente allein oder in Verbindung mit den übrigen zu der menschlichen Erkenntniss liefern. Der Geist ist in dieser Beziehung an die Dinge, an die auf sie sich beziehenden Empfindungen und die dadurch erregten inneren Thätigkeiten gebunden, passiv; was er seiner eigenen

26) a. a. O. § 10—19. Das Resultat § 20. *I see no reason therefore to believe that the soul thinks before the senses have furnished it with ideas to think on.*

27) Ebendas. § 24. *All those sublime thoughts, which tower above the clouds and reach as high as heaven itself, take their rise and footing here; in all that great extent, wherein the mind wanders it stirs not one jot beyond these ideas which sense or reflection have offered for its contemplation.* ch. VII, § 10. Andrerseits B. II, ch. XXIII. § 15. *It is for want of reflection that we are apt to think that our senses shew us nothing but material things. Every act of sensation, when duly considered, gives us an equal view of both parts of nature, the corporal and spiritual. For whilst I know, by seeing or hearing, that there is some corporeal being without me, the object of that sensation, I do more certainly know, that there is some spiritual being within me that sees and hears.*

Thätigkeit zuzuschreiben ein Recht hat, ist eingeschlossen in die Grenzen, die ihm der Thatbestand der menschlichen Natur vorschreibt.[28])

Die letzten Elemente des Vorstellungskreises bezeichnet Locke als einfache Vorstellungen (*simple ideas*) im Gegensatze zu zusammengesetzten (*complex ideas*). Die Möglichkeit, einfache Vorstellungen von den zusammengesetzten zu unterscheiden, unterliegt ihm keinem Zweifel; ohne an der Stelle, an welcher er diese Unterscheidung einführt, auf eine genauere Begriffsbestimmung der Einfachheit einer Vorstellung einzugehen,[29]) bemerkt er später,[30]) dass er gewisse Vorstellungen mehr in Beziehung auf die Art, in welcher sie ins Bewusstsein eintreten, als insofern sie von andern Vorstellungen unterschieden sind, für einfache erkläre. So ist ihm die qualitative Bestimmtheit der sinnlichen Empfindung, insofern für die Empfindung selbst ein verschiedenartiges Mannigfaltige sich nicht unterscheiden lässt, das Merkmal ihrer Einfachheit; die Kälte und Härte eines Stücks Eis sind eben so einfache Vorstellungen, wie der Geruch und die Farbe der Lilie. Er nennt daher auch solche Vorstellungen einfach, welche aus mehreren aber qualitativ g l e i c h e n Theilen zusammengesetzt sind.[31])

---

28) B. I, ch. I. § 25. *In this part the understanding is merely passive and whether or no it will have these beginnings and as it were materials of knowledge, is not in its own power. For the objects of our senses do obtrude their particular ideas upon our minds, whether we will or no; and the operations of our minds will not let us be without, at least, some obscure notions of them.* Vgl. ch. II, § 3.

29) ch. II, § 1. (*The simple idea*) *being each in itself uncompounded contains in it nothing but* *o n e u n i f o r m e a p p e a r a n c e* *or conception in the mind, and is not distinguishable into different ideas.*

30) ch. XIII, § 1. *Though I have often mentioned simple ideas, yet having treated them there rather in the way, that the come into the mind, than as distinguished from others more compounded, it will not be perhaps a miss to take a view of some of them under this consideration* u. s. w.

31) Hierher gehört die Antwort, welche Locke auf den Einwurf Barbeyrac's, dass er den Raum fälschlich für eine einfache Vorstellung erkläre, weil der Raum Theile habe, dem Uebersetzer seines Werkes Coste mittheilte und die auch in der Oben angeführten Ausgabe als Anmerkung zu B. II, ch. XV. § 8 (p. 159) steht. *The question is to know, whether the idea of extension agrees with this* (vgl. Anm. 29) *definition? Which will effectually agree to it, if it be understood in the sense which Mr. Locke had principally in his view; for that composition which he designed to exclude in this definition, was a composition of different ideas in the mind and not a composition of the same kind in a thing, whose essence consists in having parts of the same kind etc.* Vgl. LOCKE *Essais etc. traduit par C o s t e.* Amst. 1755 p. 152.

Einfache Vorstellungen bieten nun in einer von der Willkühr schlechthin unabhängigen Weise nicht nur die einzelnen Sinne, jeder seine eigenen dar, sondern auch mehrere Sinne; eine dritte Classe derselben bietet die Reflexion allein, eine vierte Sensation und Reflexion in Verbindung dar.[32]) Ohne den Anspruch zu machen, die einfachen Vorstellungen irgendwie vollständig aufzuzählen, rechnet er zu der ersten Classe die qualitativ verschiedenen Empfindungen der einzelnen Sinne, zu denen auch die Solidität der Körper als Empfindung des Tastsinns gehören soll;[33]) zu der zweiten Ausdehnung, Gestalt, Bewegung, Ruhe; zu der dritten die Vorstellung des Denkens und Wollens; zu der vierten die Vorstellungen von Lust und Schmerz, Kraft, Existenz und Einheit, während die Vorstellung der Zeit an die Reflexion auf den Verlauf unserer eigenen Vorstellungen gebunden sei.

In den spezielleren Erörterungen zunächst über diejenigen einfachen Vorstellungen, die uns auf dem Wege der sinnlichen Wahrnehmung zugeführt werden,[34]) bemerkt Locke, dass jede solche Vorstellung positiv ist, gleichviel ob sie durch eine positive, oder, indem er sich des hergebrachten Schulausdrucks bedient, durch eine privative Ursache hervorgebracht ist;[35]) die Empfindung des Schwarzen ist eben so positiv, wie die des Rothen oder des Blauen, die Wahrnehmung der Ruhe eben so positiv, wie die der Bewegung. Viel wichtiger als diese Bemerkung ist ihm jedoch die Frage, ob die sinnlich wahrgenommenen Qualitäten als Eigenschaften der Dinge selbst angesehen werden können. Zu dieser Frage findet er sich berechtigt durch die Unterscheidung zwischen den Vorstellungen, insofern sie eben nur Vorstellungen sind und insofern sie Modificationen der sie verursachenden Körper bezeichnen.[36])

---

32) B. II, ch. III—VII.

33) B. II, ch. IV. ist diesem Begriff gewidmet, um die Cartesianische Gleichsetzung zwischen Ausdehnung und Körperlichkeit zu bestreiten.

34) B. II, ch VIII.

35) a. a. O. § 1—6. Dass der Gebrauch des Begriffs einer privativen Ursache nur eine Anbequemung an den gewöhnlichen Sprachgebrauch der Schule ist, zeigt § 6: *The privative cause I have here assigned of positive ideas, are according to the common opinion; but in truth it will be hard to determine whether there be really any ideas from a privative cause, till it be determined, whether rest be any more a privation then motion.* Vgl. § 4.

36) a. a. O. § 7. *To discover the nature of our ideas the better and to discourse of them intelligibly, it will be convenient to distinguish them, as the are ideas or per-*

Die gemeine Auffassung — und man darf hinzusetzen, auch die zu Locke's Zeit herrschende Schulphilosophie — macht diese Unterscheidung nicht und betrachtet die Vorstellungen als Ausdruck der Qualität der Dinge selbst. Locke ist sehr ausführlich, um dieses Vorurtheil zu zerstören; er beruft sich namentlich auf die Relativität aller sinnlichen Empfindungen, welche es verbieten, die gelbe Farbe und die Wärme mehr für eine Eigenschaft des Feuers zu halten, als den Schmerz, den es uns verursacht, wenn es uns brennt;[37]) aber er ist gleichwohl nicht geneigt, dem gesammten Inhalte unseres sinnlichen Bewusstseins diese blos phänomenologische Bedeutung zuzugestehen. Der Grund davon liegt darin, dass er die durch die Cartesianische Schule verbreitete Ansicht von der Entstehung der sinnlichen Empfindung für richtig, wenigstens für sehr wahrscheinlich hält. Zugegeben, dass man unter der Qualität eines Körpers lediglich sein Vermögen zu verstehen habe, gewisse qualitativ bestimmte und von andern unterschiedene Vorstellungen in uns hervorzubringen,[38]) und ferner angenommen, dass die nothwendige Bedingung, unter welcher ein Körper eine Vorstellung in uns erregen kann, ein Eindruck (*impulse*) auf das Organ ist, so wird die Entstehung der sinnlichen Vorstellungen davon abhängen, dass sinnlich nicht wahrnehmbare Theilchen der uns umgebenden Körper, die nach Gestalt, Bewegung, Textur und Zahl verschieden sind, die sinnlichen Organe berühren und so die Empfindung erzeugen.[39]) Ausdehnung, Gestalt, Solidität und Beweglichkeit der materiellen Theile werden dabei vorausgesetzt, und man hat daher ein Recht, das, was diese Vorstellungen bezeichnen, als eine Eigenschaft der Körper, diese Vorstellungen selbst als den Körpern ähnlich zu betrachten. Locke nennt sie die ersten, alle übrigen zweite Qua-

---

ceptions in our minds, and as they are modifications of matter in the bodies that cause such perceptions.

37) a. a. O. § 15—22.

38) a. a. O. § 8. *Whatsoever the mind perceives in itself or is the immediat object of perception, thought or understanding, that I call idea, and the power to produce any idea in our mind, I call quality of the subject, wherein that power is. Thus a snow-ball having the power to produce in us the ideas of white, cold and round, the powers to produce those ideas in us, as they are in the snow-ball, I call qualities; and as they are sensations or perceptions in our understanding, I call them ideas; which ideas if I speak of sometimes as in the things themselves, I would be understood to mean those qualities in the objects which produce them in us.*

39) a. a. O. § 11 flgg.

litäten (*primary, secondary qualities*); die letzteren zerfallen wieder in zwei Classen, je nachdem ein Ding eine sinnliche Empfindung unmittelbar oder mittelbar, durch eine von einem andern Dinge empfangene Einwirkung, hervorbringt, wie z. B. wenn wir die Farbe des von der Sonne gebleichten Wachses wahrnehmen, in welchen letzteren Fällen der gemeine Sprachgebrauch vorzugsweise den Begriff der Kraft anwendet, indem er der Sonne die Kraft das Wachs zu bleichen zuschreibt.[40])

Den einfachen sinnlichen Vorstellungen stehen zur Seite die durch Reflexion, durch die innere Auffassung der psychischen Ereignisse und Thätigkeiten dargebotenen. Locke trägt kein Bedenken, diese verschiedenen Thätigkeitsformen als Vermögen der Seele zu bezeichnen, ohne mit dieser Bezeichnung auf eine Bestimmung des Wesens der Seele Anspruch zu machen;[41]) er benutzt sie als ein bequemes Hülfsmittel, die verschiedenen geistigen Thätigkeiten, soweit sie sich auf die Erkenntniss beziehen, zu unterscheiden und in ihrer natürlichen Stufenfolge aufzuzählen. Das erste Seelenvermögen, welches sich auf die Vorstellungen bezieht, ist das Vorstellungsvermögen; das Vorstellen ist daher die erste und einfachste Vorstellung, welche wir durch Reflexion erlangen. Im blossen Vorstellen verhält sich die Seele rein passiv; dadurch unterscheidet es sich vom Denken, welches einen Grad willkührlicher Aufmerksamkeit einschliesst, bei welchem sich der Geist als thätig zeigt. Was Vorstellen sei, darüber verweist Locke jeden an seine eigene innere Erfahrung;[42]) es lasse sich darüber nur so viel mit Gewissheit sagen,

40) a. a. O. § 23. § 26.

41) Es ist in dieser Beziehung vorläufig auf seine Erörterungen über den Begriff der Kraft und des Vermögens überhaupt zu verweisen B. II, ch. XXI. — B. IV, ch. VI, § 14, wo er die möglichen Erweiterungen des Wissens überschlägt, sagt er: *I have mentioned here only corporeal substances, whose operations seem to lie more level to our understanding; for as to the operation of spirits, both their thinking and moving of bodies, we at first sight find ourselves at a loss, though perhaps, when we have applied our thoughts a little nearer to the consideration of bodies and their operations and examined how far our notions even in these reach with any clearness, beyond sensible matter of fact, we shall be bound to confess, that even in these too, our discoveries amount to very little beyond perfect ignorance and incapacity.* Dergleichen Aeusserungen beweisen neben vielen andern ähnlicher Art, wie wenig dogmatischen Werth Locke auf die von ihm selbst adoptirte mechanische Erklärung der Entstehung der Vorstellungen gelegt hat.

42) B. II, ch. IX, § 1. § 2.

dass die in dem körperlichen Organe stattgefundene Veränderung ins Bewusstsein eintreten müsse, wenn eine Vorstellung entstehen solle, daher trotz der Affection selbst des gesunden Organs die sinnliche Wahrnehmung nicht eintritt, wenn das Erkenntnissvermögen sie nicht auffasst.[43]) Er knüpft daran die für die psychologische Erörterung eben so nothwendige als fruchtbare Bemerkung, dass Vieles für eine sinnliche Wahrnehmung gehalten wird, was eigentlich eine durch frühere Erfahrungen bedingte Deutung der sinnlichen Empfindung ist; und beruft sich hierbei vorzüglich auf die ergänzende Auslegung, die wir den Wahrnehmungen des Gesichts unwillkührlich geben.[44])

Das nächste Vermögen, durch welches ein Fortschritt in der Erkenntniss geschieht, ist das Vermögen die durch Sensation und Reflexion erworbenen Vorstellungen festzuhalten. Dies geschieht auf doppeltem Wege, erstlich durch die verweilende Aufmerksamkeit, zweitens durch das Wiederhervorrufen früher gehabter Vorstellungen, also durch das Gedächtniss.[45]) Von der Wichtigkeit des Gedächtnisses oder, wenn es erlaubt ist, einen von Locke selbst nicht angewendeten Ausdruck zu gebrauchen, der Reproduction, hat er eine sehr ausgedehnte Vorstellung; alle übrigen Vermögen würden bei der Unfähigkeit des Menschen eine grosse Masse von Vorstellungen gleichzeitig sich gegenwärtig zu halten, ohne sie so gut wie nutzlos sein;[46]) aber durch die Bezeich-

43) a. a. O. § 4. *Want of sensation in this case is not thro' any defect in the organ, but that, which uses to produce the idea, tho' conveyed in by the usual organ, not being taken notice of in the understanding and so imprinting no idea on the mind, there follows no sensation.* Es mag bemerkt werden, dass das Wort *understanding* bei Locke, wie in der englischen Sprache überhaupt, der allgemeine Ausdruck theils für die verschiedenen Arten der Auffassung und Erkenntniss, theils für die verschiedenen dabei stattfindenden geistigen Operationen ist.

44) a. a. O. § 8. Er führt dabei einen Brief von Molineux an, der die später an Chesselden's Blinden gemachten, in den *Philosoph. Transactions* erst 1728 veröffentlichten Beobachtungen gewissermassen voraussagt.

45) B. II, ch. X, § 1. *The next faculty of the mind, whereby it makes a further progress towards knowledge, is that which I call r e t e n t i o n or the keeping of those simple ideas, which from sensation or reflexion it had received. This is done two ways. First, by keeping the idea ... for some time actually in view, which is called c o n t e m p l a t i o n. The other way of retention is the power to revive again in our minds those ideas, which after imprinting have disappeared This is m e m o r y, which is as it were the store-house of our ideas.*

46) a. a. O. § 8. *Memory is of so great moment, that were it is wanting, all the rest of our faculties are in great measure useless.*

nung des Gedächtnisses als des Vermögens, sich aus dem Bewusstsein verschwundener Vorstellungen als früher gehabter wieder bewusst zu werden oder sie als solche wieder hervorzurufen, glaubt er sich jeder näheren Untersuchung über die Bedingungen und Gesetze der Reproduction überhoben.[47])

Sinnliche Wahrnehmung, Aufmerksamkeit und Gedächtniss würden wenig nützen, wenn sie nur unklare und verworrene Vorstellungen der Gegenstände darböten. Aber der Mensch hat auch ein Unterscheidungsvermögen (*faculty of discerning*); diese Fähigkeit, die Gleichheit oder Verschiedenheit der Dinge zu bemerken, ist der eigentliche Grund des allgemeinen und unmittelbaren Einverständnisses über gewisse Sätze, die man geneigt ist für angeboren zu halten. In dieser Bestimmung der Vorstellungen durch Unterscheidung gibt sich die Richtigkeit des Urtheils (*judgment*) zu erkennen, während dem, was man Geist (*wit*) nennt, hauptsächlich die rasche Verknüpfung und Vergleichung der Vorstellungen eigenthümlich ist.[48])

Indem nun keine Unterscheidung möglich ist ohne Vergleichung, spricht Locke zwar nicht von einem besonderen Vergleichungsvermögen, aber er legt auf die Thätigkeit des Vergleichens als einer ins Unbestimmbare hin reichen Quelle von Vorstellungen und Begriffen das grösste Gewicht.[49]) Bei der Betrachtung eines Gegenstandes sind wir nicht auf ihn beschränkt; der Geist vermag jede seiner Vorstellungen zu überschreiten, um ihr Verhältniss zu andern ins Auge zu fassen. In dieser Gegenüberstellung der Dinge oder Vorstellungen entdeckt er Beziehungen oder Verhältnisse; er bezeichnet sie durch Worte, welche eben die Ausdrücke für die bestimmte Art der Beziehung sind, und die Dinge und Vorstellungen heissen dann die Glieder des Verhältnisses.[50]) Wo die Beziehung keine gegenseitige ist, übersieht man dabei leicht die nur relative Bedeutung solcher Vorstellungen und verfällt in den Irrthum, als ob dergleichen Vorstellungen etwas dem Gegenstande selbst Zukommendes seien. Jedes Verhältniss setzt aber nothwendig zwei von

---

47) a. a. O. § 2.

48) B. II, ch. XI, § 1. 2.

49) a. a. O. § 4. *The comparing them one with another . is another operation of the mind about its ideas, and is that upon which depends all that large tribe of ideas, comprehended under relation.* Vgl. B. II, ch. XXV, § 1.

50) B. II, ch. XXV, § 2—6.

einander verschiedene oder für verschieden gehaltene Vorstellungen voraus; der ihr Verhältniss bezeichnende Begriff ist nicht nur von den Begriffen, welche die Glieder des Verhältnisses bezeichnen, verschieden, sondern er kann auch bestimmter und deutlicher sein, als die letzteren; ebenso kann sich das Verhältniss ändern, ohne dass das eine Glied desselben einer Veränderung unterliegt. Wie unermesslich mannigfaltig aber auch die Vorstellungen sein mögen, die der Mensch durch Vergleichung gewinnt, zuletzt finden sie sämmtlich ihren Stütz- und Anfangspunkt in einfachen, von der Sensation oder Reflexion dargebotenen Vorstellungen.[51])

Eine fernere Thätigkeit, die der Geist in Beziehung auf das ursprüngliche Material seines Vorstellens ausübt, ist die Verbindung (*composition*), vermöge deren mehrere einfache Vorstellungen zu einer Vorstellungsgruppe (*complex*) vereinigt werden. Zu dieser Verbindung und Verknüpfung mag auch die Erweiterung (*enlarging*) gerechnet werden, die der Geist mit gewissen Vorstellungen vornimmt; denn Erweiterung ist Verknüpfung gleichartiger Vorstellungen, wie besonders an den Zahlbegriffen deutlich ist.[52])

Welche Vorstellungen und Vorstellungsgruppen nun auch durch diese Thätigkeiten des Geistes der Mensch erworben habe, er wird suchen, sie zu bezeichnen; dazu stehen ihm articulirte Laute zu Gebote; er bezeichnet sie also durch Worte. Worte sind Zeichen von Vorstellungen, Vorstellungen sind von den Dingen entlehnt, und es würde eine unendliche Menge von Worten nöthig sein, wenn jedes einzelne Ding und jede einzelne Vorstellung durch ein besonderes Wort bezeichnet werden sollte. Um diesen Uebelstand zu vermeiden, verallgemeinert der Geist die besonderen Vorstellungen, indem er das Individuelle, was ihnen als einzelnen anhaftet, weglässt und so die Abstracta, die Gattungen des Gleichartigen feststellt. Diese allgemeinen und als solche bestimmten Vorstellungen verknüpft er mit Namen; sie sind gleichsam die Modelle und Typen, auf welche die wirklichen Dinge je nach ihrer

---

51) a. a. O. § 7. 9.

52) B. II, ch. XI, § 6. *Composition whereby the mind puts together several of those simple ones it has received ... Under this composition may be reckoned also that of enlarging, wherein, though the composition does not so much appear as in more complex ones, yet it is nevertheless a putting several ideas together, though of the same kind.*

Gleichheit oder Verschiedenheit bezogen werden.[53]) Dieses Vermögen der Abstraction spricht Locke den Thieren gänzlich ab, während das Vermögen zu vergleichen und Vorstellungen zu verbinden ihnen in gewissem Grade nicht abgesprochen werden könne; und zwar fehlen ihnen allgemeine Begriffe nicht desshalb, weil ihnen die Organe für die Bildung articulirter Laute fehlen, sondern in dem Mangel der Fähigkeit zu abstrahiren liegt das specifische Unterscheidungsmerkmal zwischen Mensch und Thier.[54])

Ueberblickt man nun die Gesammtheit dieser Bestimmungen Locke's über die Entstehung des menschlichen Vorstellungskreises, über welche er sich am Schlusse derselben mit grosser Bescheidenheit äussert,[55]) so darf man nicht übersehen, dass er, neben dem durch die äussere und innere Erfahrung dargebotenen Material der Vorstellungen, sich auf eine Mehrheit geistiger Thätigkeiten beruft, durch welche jenes Material zum Theil dergestalt umgebildet werde, dass sich der Zusammenhang dieser Producte des Unterscheidens, Vergleichens, Verknüpfens und Beziehens mit den primitiven Elementen derselben der flüchtigen Betrachtung leicht entziehe. Der menschliche Vorstellungskreis unterscheidet sich von dem der Thiere eben vermöge dieser der menschlichen Natur eigenthümlichen Thätigkeiten, die Locke einfach als eine weise und zweckmässige Ein-

---

53) a. a. O. § 8. 9. *The use of words then being to stand as outward marks of our internal ideas and those ideas being taken from particular things, if every particular idea should have a distinct name, names most be endless. To prevent this, the mind makes the particular ideas to become general; which is done by considering them as the are in the mind such appearances, separate from all other existences and the circumstances of real existence This is called* a b s t r a c t i o n, *whereby ideas, taken from particular beings, become generàl representatives of all of the same kind, and their names general names Such precise, naked appearances in the mind the understanding lays up (with names commonly annexed to them) as standards to rank real existences into sorts, as the agree with these patterns, and to denominate them accordingly.*

54) a. a. O. § 10. 11.

55) a. a. O. § 15—17. *Thus I have given a short and, I think, a true history of the first beginnings of human knowledge wherein I must appeal to experience and observation, whether I am in the right; the best way to come to truth being to examine things as really they are and not to conclude they are, as we fancy of ourselves ... If other men have either innate ideas or infused principles, the have reason to enjoy them; and if they are sure of it, it is impossible for others to deny them the privileges that they have above their neighbour.* I can speak only on what I find in myself. I pretend not to teach, but to enquire.

richtung des Schöpfers betrachtet, deren Wirkungsart aber nicht weniger als der durch äussere und innere Erfahrung dargebotene Stoff zu den Voraussetzungen gehört, deren er sich zur Erklärung des Vorstellungskreises bedient. Was aus den durch äussere Erfahrung dargebotenen Elementen wird, hängt von der Activität des Geistes eben so ab, als von dem Verkehr mit der Aussenwelt.[56])

III.

Um nun den Gehalt an Erkenntniss zu untersuchen, den diese Producte der geistigen Thätigkeiten haben, erachtet es Locke für nothwendig, zuvörderst die Hauptclassen der zusammengesetzten Vorstellungen oder Begriffe zu unterscheiden. Sie lassen sich nach seiner Ansicht auf drei Classen zurückführen, Substanzen, Modi und Relationen. Diese Bezeichnungen bedürfen einer Erklärung. Unter Substanzen versteht er diejenigen Verknüpfungen einfacher Vorstellungen oder Vorstellungsgruppen, die mit der Voraussetzung gedacht werden, dass sie bestimmten wirklich existirenden Dingen entsprechen, dergestalt dass die für sie und in ihnen vorausgesetzte Substanz als der Anknüpfungspunkt für die übrigen in der Vorstellungsgruppe enthaltenen Bestandtheile gehalten wird. Der Begriff der Substanz entspricht also dem Begriff des Dings mit seinen Eigenschaften, insofern es als der Träger der letztern angesehen wird.[57]) Locke setzt hinzu, dass dieser Begriff nicht auf einzelne

---

56) B. II, ch. XII, § 1. *As the mind is wholly passive in the reception of all its simple ideas, so its exerts several acts of its own, whereby out of its simple ideas, as the materials and foundations of the rest, the other are framed.*

57) B. II, ch. XII, § 6. *The idea of substance are such combinations of simple ideas as are taken to represent distinct particular things subsisting by themselves, in which the supposed idea of substance, such as it is, is the first and chief.* In der *first letter to the Bishop of Worcester* (vgl. die hier angef. Ausg. v. Locke's *Essay* p. 83 Anm.) erläutert er diesen Begriff so: *The ideas of the qualities and actions or powers are perceived by the mind to be themselves inconsistent with existence; we must conceive a substratum or subject, wherein the are .... Because a relation cannot be found in nothing or be the relation of nothing, and the thing here related as a supporter or a support is not represented by any clear and distinct idea, therefore the obscure and indistinct vague idea of thing or something is all that is left to be the positive idea which has the relation of a support or substratum to modes or accidents.*

Dinge beschränkt sei, sondern sich auch auf Collectivvorstellungen mehrerer Dinge erstrecke; die Vorstellung einer Armee oder einer Schafheerde nennt er eben so die Vorstellung einer Substanz, als die des einzelnen Menschen oder Schafes.[58]) Bei der Kritiklosigkeit, mit welcher die natürliche Auffassung der Dinge die Einheit des Seins auf alles das überträgt, was sich ihr als irgendwie verknüpft darstellt, erscheint diese Bestimmung weniger auffallend, als sie sein würde, wenn es Locke nicht vor Allem darauf ankäme, die Beschaffenheit dieses natürlichen Vorstellungskreises kenntlich zu machen.

Als *modi*, — eine Bezeichnung für die es schwer ist ein congruentes deutsches Wort zu finden, — bezeichnet er die zusammengesetzten Vorstellungen, welche nicht mit der Voraussetzung gedacht werden, dass das durch sie Bezeichnete eine selbstständige Existenz habe, sondern welche als Anhängsel und Affectionen, Attribute, Accidenzen oder Modificationen der Substanzen gedacht werden. Sie zerfallen in zwei Classen, einfache *modi*, wenn die in ihnen verknüpften einfachen Vorstellungen gleichartig, gemischte *modi*, wenn diese ungleichartig sind.[59]) So sind z. B. die Raum- und Zahlbegriffe, die verschiedenen näheren Bestimmungen des Denkens, der Lust und Schmerzempfindungen einfache *modi;* zu den gemischten *modis* gehören alle die unbestimmbar mannigfaltigen ungleichartige Bestandtheile einschliessenden Begriffe, welche nicht die Dinge selbst bezeichnen und doch von ihnen ausgesagt werden. Vorzugsweise bilden die Begriffe des Denkens, der Bewegung und der Kraft die Anknüpfungspunkte für diese gemischten *modi*, welche die nach den Gesichtspunkten der Ursachen, Mittel, Gegenstände, Werkzeuge, Zwecke, der Zeit, des Orts u. s. w. verschiedenen Modificationen jener Vorstellungen bezeichnen; in diesem Sinne ist die Vorstellung des Laufens und Ringens nicht weniger ein gemischter *modus*, als die der Dankbarkeit oder der Rache; aber eine Aufzählung aller

---

58) B. II, ch. XII, § 6.

59) a. a. O. § 4. *Modes I call such complex ideas, which, however compounded, contain not in them the supposition of subsisting by themselves, but are considered as dependences on, or affections of substances.* § 5. *Of these modes are two sortes, which deserve distinct consideration; first, there are some which are only variations or different combinations of the same simple idea and these I call simple modes. Secondly, there are others compounded of simple ideas of several kinds, put together, to make one complex on; and these I call mixed modes.*

dieser Vorstellungen würde nicht viel weniger heissen, als ein Wörterbuch des grössten Theils der Worte und Begriffe liefern, deren sich die Theologie, die Moral, die Jurisprudenz, die Politik und die verschiedenen übrigen Wissenschaften bedienen.[60]) In der Bildung dieser zusammengesetzten Vorstellungen ist der Geist thätig und überschreitet die Erfahrung;[61]) die Einheit, die er ihnen zuschreibt, liegt in der ihnen beigelegten Verknüpfung und dem äusseren Zeichen derselben, dem Namen; gewöhnlich bekommen nur die Complexionen dieser Art eine bestimmte Benennung, rücksichtlich deren ein Bedürfniss der Mittheilung vorhanden ist. Daher finden sich nicht in allen Sprachen Zeichen für alle Begriffe und jede Sprache hat Worte, für welche es in anderen Sprachen keine genau entsprechenden gibt; in der Veränderlichkeit dieser Vorstellungsgruppen liegt ein Grund für die Veränderlichkeit der Sprachen.[62])

Der Begriff dessen, was Locke *modus* nennt, ist im hohen Grade unbestimmt und schwankend; das negative Merkmal, durch welches er ihn begrenzt, dass das durch den Begriff *modus* Bezeichnete nicht eine selbstständige Existenz in Anspruch nimmt, sondern nur Anhängsel und Modification der Substanzen ist, passt nicht durchweg zu den von ihm selbst angeführten Beispielen. Welcher Substanz Modification sollte wohl der Begriff des Triumphs oder des Ostracismus sein? Wenn Locke den Begriff des Vaters und des Sohnes für Relationen, den des Vatermords für einen gemischten Modus erklärt, so bezeichnet der letztere zunächst nicht die Modification eines Dings, sondern hat zu seiner Voraussetzung jenes Verhältniss zwischen Vater und Sohn. Für die Relationen, die dritte Hauptclasse der zusammengesetzten Begriffe, macht er als das wesentliche Merkmal die vergleichende Betrachtung der Dinge gel-

60) B. II, ch. XXII, § 10—12.

61) a. a. O. § 2. *The mind often exercise an active power in making these several combinations. . . . And hence, I think, it is that these ideas are called notions, as if they had their original and constante existence more in the thoughts of men, than in the reality of things, and to form such ideas, it sufficed, that the mind puts the parts of them together and that they were consistent in the understanding, without considering, whether they had any real being.*

62) a. a. O. § 4. *Every mixed mode consisting of many distinct simple ideas, it seems reasonable to enquire, whence it has his unity? To which I answer, it is plain, it has his unity from an act of mind combining those several simple ideas together and the mark of this unity is one name given to that combinations.* Vgl. § 5—7.

tend;[63]) wo er aber von den moralischen Relationen spricht, kommt er nothwendig vielfach auf Begriffe, die er auch als gemischte *modi* bezeichnet. Daher subsumirt er auch bisweilen die Relationen geradezu unter die gemischten *modi,*[64]) und umgekehrt; obwohl er Raum, Zeit, Zahl für einfache *modi* erklärt, bemerkt er doch, dass alle Bestimmungen dieser Begriffe Verhältnisse und Beziehungen einschliessen.[65]) Man würde der Unterscheidung der Substanzen, *modi*, und Relationen die des Dings, der Eigenschaft, und der Beziehung oder des Verhältnisses substituiren können, wenn nicht Locke als Beispiel für die *modi* Begriffe anführte, welche Verhältnisse und Beziehungen bezeichnen, und wenn er nicht umgekehrt die Einsicht hätte, dass das, was als Eigenschaft der Dinge vorgestellt wird, auf Verhältnissen beruht.

Indessen diese ganze Unterscheidung der drei Hauptclassen der Vorstellungen ist für ihn nur das Mittel, um dadurch einen Leitfaden für die Untersuchung zu gewinnen, welchen Anspruch auf Erkenntniss die unter die eine oder die andere Classe fallenden Begriffe machen können. So wenig systematisch diese Untersuchung bei Locke auch angelegt ist, so enthält doch das 13—23. Capitel des zweiten Buchs eine Kritik derjenigen Begriffe, welche zu allen Zeiten die Mittelpunkte metaphysischer Lehrmeinungen gewesen sind und um welche sich namentlich die aristotelisch-scholastische Metaphysik gruppirt. Sie sind der des Dings und seiner Eigenschaften (Substanz und Accidenz), der Kraft, der Ursache und Wirkung, des Raums, der Zeit, der Zahl, des Endlichen und Unendlichen, des Ich; und die Bedeutung des Locke'schen Werks beruht zum mindesten eben so sehr, als auf seinen psychologischen Analysen, auf dieser Untersuchung des Erkenntnisswerthes, den diese Begriffe in der Gestalt, wie sie sich factisch in dem menschlichen Gedankenkreise nachweisen lassen, haben oder nicht haben. Bei der Darlegung dieser Untersuchungen ist es zweckmässig, die bei Locke durch die Unterscheidung der *modi*, Substanzen und Relationen bestimmte Reihenfolge fallen zu lassen, und mit dem Begriffe des Dings und seiner Eigenschaf-

63) B. II, ch. XII, § 7. *The last sort of complex ideas is that we call* r e l a t i o n s, *which consists in the consideration and comparing one idea with another.* Vgl. ch. XXV, § 1.

64) B. III, ch. IV, § 1. *Mixed modes, under which I comprise relations too.*

65) B. II, ch. XXI, § 3.

ten zu beginnen, um darauf die Begriffe folgen zu lassen, welche die Beziehungen und Verhältnisse der Dinge bezeichnen.

Der Begriff des Dings, sagt Locke, wie er thatsächlich in der Auffassung theils der äusseren Objecte, theils unserer selbst sich aufdringt, beruht darauf, dass eine Mehrheit einfacher Vorstellungen, die sich beharrlich einer gleichzeitigen Auffassung darbieten, unter einander in die Einheit einer Gesammtvorstellung, die durch ein besonderes Wort bezeichnet wird, verknüpft ist. Unsere Vorstellung eines Menschen, eines Pferds, eines Stücks Gold, Blei u. s. w. ist nichts als die Complexion der an den durch diese Worte bezeichneten Gegenständen wahrgenommenen Merkmale; und in ähnlicher Weise bilden wir aus den Merkmalen des Denkens, des Ueberlegens, Zweifelns, Hoffens, Wollens u. s. w. die Complexion, welche wir Geist oder Seele nennen. Bei keiner dieser Complexionen nehmen wir in irgend einem ihrer Bestandtheile d. h. in irgend einem der Merkmale des Dings einen Grund wahr, warum es mit den übrigen gerade so und nicht anders verknüpft ist; ferner können wir uns keine Vorstellung davon machen, wie das, was den einfachen Bestandtheilen der Complexion entspricht, für sich existiren könne, und so setzen wir der ganzen Complexion Etwas voraus, was den einzelnen Bestandtheilen derselben eine Unterlage, einen Träger, einen Stützpunkt darbiete; wir unterscheiden und verknüpfen in dieser Unterscheidung das Ding und seine Eigenschaften, die Substanz und ihre Accidenzen, so dass die letzteren der ersteren als inhärierend gedacht werden.[66])

---

66) B. II, ch. XXIII, § 1. *The mind being furnished with a great number of the simple ideas, take notice also, that a certain number of these simple ideas go constantly together; which being presumed to belong to one thing, and words being suited to common apprehensions, are called, so united in one subject, by one name; which by inadvertancy we are apt afterwards to talk of and consider as one simple idea, which indeed is a complication of many ideas together; because, not imagining, how these simple ideas can subsist by themselves, we accustom ourselves to suppose some substratum, wherein they do subsist or from which they do result; which therefore we call substance.* § 3. *Thus we come to have the ideas of a man, horse, gold, water etc., of which substances whether any one has other clear idea, farther than of certain simple ideas coexisting together, I appeal to every one's own experience.* § 5. *The same happens concerning the operations of the mind viz. thinking, reasoning, fearing etc., which we concluding not to subsist of themselves, nor apprehending how they can belong to body, we are apt to think these the actions of some other substance, which we call spirit.* Darüber, dass die Ursache der bestimmten Verknüpfung der Merkmale in der Einheit des Dings gänzlich unbekannt ist, vgl. besonders B. IV, ch. VI, § 7 flgg.

Dabei macht er ausdrücklich darauf aufmerksam, dass diese Complexionen zum grossen Theile nicht blos in den Merkmalen bestehen, die in dem Dinge sich wirklich als coexistirend nachweisen lassen, sondern dass die Vorstellung von dem, was die Dinge sind, in sehr vielen Fällen ihre nähere Bestimmung durch das erhält, was sie thun und leiden, so dass diese Potentialitäten, diese Kräfte und Vermögen den Dingen eben so als ihre Eigenschaften beigelegt werden, wie das, was sie unabhängig von ihrem Wirken und Leiden sind oder zu sein scheinen.[67]) So sind unsere Vorstellungen von den Dingen zusammengesetzt aus den Vorstellungen einerseits ihrer ruhenden Eigenschaften und denen der von ihnen ausgehenden und in sie einströmenden Wirkungen, andererseits der Substanz als des Trägers dieser Mannigfaltigkeit. Natürlich legen wir dabei jedem einzelnen Dinge seine eigene Substanz unter; den Gedanken einer allgemeinen, allen Dingen gemeinschaftlich zu Grunde liegenden Substanz berührt Locke gar nicht, weil er sich in dem natürlichen Vorstellungskreise in der That nicht vorfindet; aber er erinnert an die substanziellen Formen als den schulmässigen Ausdruck für die natürliche Vorstellungsweise und spricht von einem allgemeinen Begriff der Substanz, insofern das Verhältniss von Substanz und Accidenzen bei jedem Dinge immer dasselbe ist.[68])

Welchen Erkenntnisswerth hat nun dieser Begriff der Substanz, insofern er mit dem Anspruch auftritt, das Wesen der Dinge zu bezeichnen? Gar keinen, ist Locke's Antwort auf diese Frage; denn der Begriff der Substanz bezeichnet nichts als ein gänzlich unbekanntes Etwas, welches den Qualitäten der Dinge als ihr Träger vorausgesetzt wird. Er enthält nicht den geringsten Aufschluss weder über sein eigenes Was, noch über die Art, wie die Eigenschaften und Kräfte theils mit der Substanz, theils unter einander verbunden sind.[69]) Locke benutzt diese

---

67) B. II, ch. XXIII, § 7. 8. *The power of drawing iron is one of the ideas of the complex one of that substance we call a loadstone, and a power to be so drawn is a part of the complex one we call iron* u. s.

68) Vgl. hierüber die aus dem ersten Briefe an den Bischof von Worcester in der hier citirten Ausgabe I, 241 in der Anmerkung angeführten Stellen.

69) B. II, ch. XXIII, § 2. *If any one will examine himself concerning his notion of pure substance in general, he will find he has no other idea of it at all but only a supposition of he knows not what support of such qualities, which are capable of producing simple ideas in us; which qualities are commonly called accidents. If any one should be asked, what is the subject wherein colour or weight inheres, he would have nothing to*

Gelegenheit, um sehr ausführlich auseinanderzusetzen, dass der Begriff einer geistigen und einer körperlichen Substanz gleich viel oder vielmehr gleich wenig Aufschluss über das Wesen des Geistes und des Körpers darbiete. Denken, Wollen sammt allen übrigen Merkmalen, die wir in die Complexion, welche wir Geist oder Seele nennen, zusammenfassen, sind gerade so begreiflich und so unbegreiflich, wie Ausdehnung, Cohäsion, Mittheilung der Bewegung, die wir als das Wesen des Körpers denken.[70]) Es bleibt uns nichts übrig als die Vorstellungen von Körper und Geist zu nehmen, wie sie sich bei dem ersteren durch die ersten Qualitäten, bei dem zweiten durch die Begriffe aufdringen, durch die wir die innern Ereignisse und Thätigkeiten auffassen; sobald wir diese Grenze überschreiten, verwickeln wir uns in unentwirrbare Schwierigkeiten und entdecken nichts als unsere Unwissenheit.[71])

Der Umstand, dass der von Locke in seiner Werthlosigkeit aufgezeigte Begriff der Substanz geradezu den Mittelpunkt der durch Aristoteles zur Geltung gekommenen Schulmetaphysik bildet, macht es be-

---

say, but the solid extended parts; and if he were demanded, what is it that solidity and extension inhere in, he would not be in a much better case, than the Indian, who, saying that the world was supported by a great elephant, was asked, what the elephant rested on; to which his answer was, a great tortoise; but again pressed to know what gave support to the broad-backed tortoise replied: something, he knew not what. And thus here, as in all other cases where we use words without having clear and distinct ideas, we take like children, who, being questioned, what such a thing is, which they know not, readily give the satisfactory answer, that it is something. The idea then we have, to which we gave the general name substance, being nothing but the supposed, but unknown *support of those qualities we find existing, which we imagine cannot subsist sine re substante, without something to support them, we call that support* substantia, *which is in plain English standing under or upholding.* Vgl. B. I, ch. III, § 18. II, ch. XXXI, § 6 flgg. III, ch. XIII, § 19.

70) B. II, ch. XXIII, § 16—32.

71) a. a. O. § 30. *The substance of spirit is unknown to us, and so is the substance of body equally unknown to us. Two primary qualities or properties of body, viz. solid coherent parts and impulse, we have distinct clear ideas of; so likewise we know and have distinct clear ideas of two primary qualities or properties of spirit, viz. thinking and power of action. We have also the ideas of several qualities inherent in bodies; we have likewise the ideas of the several modes of thinking...* § 32. *Whensoever we would proceed beyond these simple ideas we have from sensation and reflection and dive farther into the nature of things, we fall presently into darkness and obscurity, perplexedness and difficulties, and can discover nothing farther but our own blindness and ignorance.*

greiflich, dass er auf ihn mit einer Art unermüdlicher Ausführlichkeit immer wieder zurückkommt. Das 31. Capitel des II. Buches (§ 6 flgg.) enthält nochmals die ausführliche Erörterung, dass die Vorstellung der Substanz gleich unvollständig und ungenügend ist, gleichviel ob man darunter die substantielle Form der einzelnen Dinge oder den ganzen Complex der in dem Begriffe des Dings zusammengefassten Merkmale versteht. Die angebliche substantielle Form ist factisch unbekannt; wäre sie bekannt, so müsste sich aus ihr die Mannigfaltigkeit der an dem Dinge wahrgenommenen Merkmale und der Zusammenhang der letzteren unter einander ableiten lassen; der Complex der Merkmale aber gibt schon desshalb einen höchst unvollständigen Begriff, weil die meisten dieser Merkmale ein Wirken und Leiden bezeichnen und es noch unbestimmt viel mehr solche Verhältnisse des Thuns und Leidens geben kann, als wirklich beobachtet worden sind. Auch gehört hierher die Nachweisung, dass der grösste Theil der Eigenschaften, die wir den Dingen als ihr eigenes Was beilegen, von fremden, oft sehr weit entlegenen Bedingungen abhängt.[72])

Was die Vorstellungen von Aggregaten mehrerer Dinge, wie die einer Heerde, einer Stadt, einer Flotte u. s. w. anlangt, so hätte sie Locke wohl mit Stillschweigen übergehen können, da wenigstens die hergebrachte Schulmetaphysik von der Substanz einer Flotte, einer Stadt nicht in demselben Sinne gesprochen hat, wie von der einer Rose, eines Stücks Gold, Brod u. s. w. Gleichwohl mag es der pantheistischen Verwechselung der Einheit des Begriffs vom Sein mit der Einheit des Seienden gegenüber nicht unerwähnt bleiben, dass Locke den Begriff der Welt oder des Universums als ein Beispiel für die Fähigkeit des Geistes anführt, die heterogensten und entgegengesetztesten Dinge in einen Begriff zusammenzufassen.[73])

Die Complexionen von Vorstellungen, durch welche wir die Dinge bezeichnen, bestehen zum grossen Theile aus den Kräften, die wir ihnen beilegen; was die Dinge zu sein scheinen, verräth sich uns durch das, was sie wirken und leiden. Für beides haben wir die Vorstellung

72) B. IV, ch. VI, § 11.

73) B. II, ch. XXIV, § 2. *These collective ideas of substances the mind makes by its power of composition and uniting severally, either simple or complex ideas into one..* § 3. *There are no things so remote, nor so contrary, which the mind cannot by this art of composition bring into one idea, as is visible in that signified by the name Universe.*

des ursachlichen Zusammenhangs, und die Vorstellung der Ursachen und Wirkungen gehört zusammen mit dem der Kraft und der Empfänglichkeit. Locke trennt die Erörterung über diese Begriffe; er widmet dem Begriffe der Kraft das 21. Capitel des II. Buches, und spricht von Ursache und Wirkung erst im 26. Capitel, weil er den ersteren Begriff für einen *modus*, den zweiten für eine Relation erklärt, und es verräth sich auch an dieser Stelle, wie wenig durchgreifend diese ganze Unterscheidung zwischen *modus* und Relation ist.[74]) Ist ein Unterschied in der Art, wie diese Begriffe in dem gewöhnlichen Gedankenkreise auftreten, so liegt er darin, dass Ursache und Wirkung sich auf die wirkliche Thätigkeit und das wirkliche Leiden der Dinge, der Begriff der Kraft und des Vermögens sich auf das mögliche Thun und Leiden derselben bezieht. Die Art, wie Locke den Ursprung dieser Vorstellungsarten bezeichnet, entspricht diesem Unterschiede. Indem wir, sagt er, die beständigen Veränderungen der Dinge wahrnehmen, sehen wir die Entstehung bestimmter Qualitäten und Dinge abhängig von andern Dingen und ihrer Wirksamkeit, und dies gibt uns die Vorstellung von Ursache und Wirkung. Was wir Schaffen, Zeugen, Machen u. s. w. nennen, sind verschiedene Bestimmungen dieses Verhältnisses; die Verschiedenheit der Vorstellungen, welche das entstandene oder veränderte Ding uns aufdringt, ist die ausreichende Veranlassung des unter den Dingen angenommenen ursächlichen Verkehrs, obwohl wir über die Art, wie die Wirkung hervorgebracht wird, dadurch nichts erfahren.[75]) Uebertragen

74) Locke gesteht dies selbst zu, indem er B. II, ch. XXI, § 3 sagt: *I confess, power includes in it some kind of relation (a relation to action or change), as indeed which of our ideas, of what kind soever, when attentively considered, does not?*

75) a. a. O. ch. XXVI, § 1. *In the notice, that our senses take of the constant vicissitude of things, we cannot but observe, that several particular, both qualities and substances, begin to exist, and that they receive this their existence from the application and operation of some other being. From this observation we get our ideas of cause and effect. That which produce any simple or complex idea, we denote by the general name cause, and that which is produced effect. Whatever is considered by us to conduce or operate to the producing any particular simple idea, or collection of simple ideas, which did before not exist, hath in our minds the relation of a cause and so is denominated by us* § 2 a. E. *The notion of cause and effect has its rise from ideas received by sensation and reflection, and this relation, how comprehensive soever, terminates at last in them. For to have the idea of cause and effect, it suffices to consider any simple idea or substance as beginning to exist by the operation of some other, without knowing the manner of that operation.*

wir nun die Bestimmungen dieses Verhältnisses, gleichviel ob es sich uns durch den Wechsel unserer Wahrnehmungen, oder durch unsere eigene Thätigkeit verräth, auf ein zukünftiges mögliches Geschehen, so entsteht die Vorstellung der Kraft, oder vielmehr die eines möglichen Wirkens und Leidens.[76]) Obgleich es nun beinahe keine Art sinnlich wahrnehmbarer Dinge gibt, deren Veränderungen uns nicht die Vorstellung eines möglichen Leidens darbieten, und obgleich diesem gegenüber immer die eines möglichen Thuns steht, so kündigt sich doch die Vorstellung des letzteren, der activen Kraft, nirgends so bestimmt und deutlich an, als in der Reflexion auf die Operationen unseres eigenen Geistes.[77]) Jede (wirkliche oder mögliche) Thätigkeit lässt sich auf zwei Arten zurückführen, Denken und Bewegen. Die Vorstellung des Denkens bietet uns lediglich die Reflexion dar; aber auch den Begriff der bewegenden Kraft entlehnen wir eigentlich nicht der Körperwelt; denn der bewegte Körper ist vielmehr leidend als thätig; die Mittheilung der Bewegung ist nur die Fortsetzung einer schon vorhandenen Bewegung und die Vorstellung eines Anfangs der Bewegung gewinnen wir nur durch die Thatsache der willkührlichen Bewegung unserer Glieder. Unsere ganze Vorstellung der Kraft und des (activen) Vermögens hat daher ihre Quelle weniger in der äusseren, als in der inneren Erfahrung.[78])

So wenig diese Erörterung über den Begriff der Causalität und über die damit zusammenhängenden der Kraft und des Vermögens eigentlich die Thatsache überschreitet, dass sich diese Begriffe in der Auffassung

---

76) a. a. O. ch. XXI, § 1. *The mind being informed by the senses of alteration of those simple ideas it observes in things without . . ., reflecting also on what passes within itself and observing a constant change of its ideas, and concluding from what it has so constantly observed to have been, that the like changes will for the future be made in the same things, by like agents and by the like ways, considers in one things the possibility of having any of its simple ideas changed, and in another the possibility of making that change and so comes by that idea which we call* p o w e r. § 2. *Power thus considered is twofold, viz. as able to make or able to receive any change; the only may be called active, and the other passive power.*

77) a. a. O. § 4. *We are abundantly furnished with the idea of passive power by al most all sortes of sensible things Nor have we of active power (which is the more proper signification of the word power) fewer instances But yet if we will consider it attentively, bodies by our senses do not afford us so clear and distinct idea of active power, as we have from reflection on the operations of our minds.*

78) a. a. O. § 4. Es gehören hierher auch die Anm. 70 angeführten Erörterungen Locke's.

der inneren und äusseren Veränderungen geltend machen, so ist es doch nicht ohne Interesse, wie vorsichtig sich Locke über den Gebrauch der Begriffe Kraft und Vermögen ausspricht. Er macht darauf aufmerksam, dass die ganze Art, wie wir die Begriffe des Wirkens und Leidens unter die Dinge vertheilen, in vielen Fällen nur der Ausdruck einer oberflächlichen Auffassung ist;[79]) er erklärt überdies von vorn herein, dass er sich des Begriffs des activen Vermögens in Beziehung auf die Naturdinge nur bediene, um sich der gewöhnlichen Vorstellungsweise zu accommodiren;[80]) ebenso lehnt er die Unterscheidung verschiedener Seelenvermögen zwar nicht geradezu ab, aber er spricht doch sehr bestimmt aus, dass, wenn man diese Vermögen wie verschiedene handelnde Wesen in der Seele auffasse, daraus Verwirrung und unnöthige Schwierigkeiten entstehen müssen, wie namentlich da deutlich sei, wo man davon spreche, dass ein Vermögen das andere bestimme, auf dasselbe wirke u. s. w.[81]) Er geht aber auch noch einen Schritt weiter und streng genommen so weit, dass er den ganzen Begriff des Vermögens zugleich für eben so natürlich und für eben so werthlos erklärt, wie den Begriff der Substanz. Die Gewohnheit, sagt er, die verschiedenen geistigen

79) a. a. O. § 72.

80) a. a. O. § 2. *Since active power make so great a part of our complexe ideas of natural substances and I mention them as such, according to common apprehension; yet they being not perhaps so truly active powers as our hasty thoughts are apt to represent them,* u. s. w.

81) a. a. O. § 6. *The ordinary way of speaking is, that the understanding and will are two faculties of the mind, a word proper enough, if it be used, as all words should be, so as not to breed any confusion in men's thoughts, by being supposed (as I suspect it has been) to stand for some real beings in the soul that performed those actions of understanding and volition. ... I suspect that this way of speaking of faculties had misled many into a confused notion of so many distinct agents in us, which had their several provinces and authorities and did command, obey and perform several actions, and so many distinct beings; which has been no small occasion of wrangling, obscurity and uncertainty in questions relating to them.* § 17. *If it be reasonable to suppose and talk of faculties, as distinct beings that can act, 'tis fit that we should make a speaking faculty and a walking faculty and a dancing faculty, ... as well as we make the will and understanding to be faculties. ... And we may as properly say, 'tis the singing faculty sings and the dancing faculty dances, as that the will choses or that the understanding conceives; or, as is usual, that the will direct the understanding or the understanding obeys or not obeys the will, it being altogether as proper and intelligible to say, that the power of speaking direct the power of singing or the power of singing obeys or disobeys the power of speaking.*

Thätigkeiten auf den Begriff verschiedener Vermögen zurückzuführen, fördert die Erkenntniss unseres geistigen Wesens so wenig, als die Voraussetzung verschiedener Vermögen des Körpers die des Körpers. Der Magen verdaut, also hat er ein Verdauungsvermögen; der Körper scheidet gewisse Stoffe aus, also hat er ein Ausscheidungsvermögen; der Geist erkennt, also hat er ein Erkenntnissvermögen; er wählt und beschliesst, also hat er ein Willensvermögen. Locke sieht sehr wohl, dass alle diese Redeweisen dem, was factisch geschieht, die Vorstellung der Möglichkeit dieses Geschehens vorschieben und damit nichts besagen, als was sich von selbst versteht, ohne den geringsten Aufschluss über den Hergang der gegebenen Veränderung zu enthalten.[82])

Dass er dies einsieht und doch nicht auf den Gebrauch des Vermögensbegriffs ganz und gar Verzicht leistet oder einen Versuch macht, einen besseren Begriff an seine Stelle zu setzen, ist nicht blos eine Folge seiner Bereitwilligkeit, sich dem hergebrachten Sprachgebrauche anzubequemen, sondern es liegt darin in diesem Falle eben so, wie in andern gleich wichtigen, ein charakteristisches Merkmal einer gewissen Genügsamkeit, die sich bescheidet, den einmal vorhandenen Gedankenkreis einer berichtigenden Umbildung nicht unterwerfen zu können. Dazu kommt, dass diese Kritik des Vermögensbegriffs bei ihm nicht in einer allgemeinen Untersuchung über den Begriff der Causalität wurzelt, sondern ihm mehr gelegentlich bei der Erörterung über die Freiheit des Willens zuwächst; eine Erörterung, welche, so interessant sie ist und so sehr sie zu einer Vergleichung mit der Leibniz'schen und Kant'schen Lehre von der Freiheit auffordert, doch dem Zwecke dieser Abhandlung so fern liegt, dass sie hier übergangen werden muss.

Die Erörterungen Locke's über den Begriff der Substanz, der Cau-

---

82) a. a. O. § 20. *Nor do i deny, that those words (power, faculty etc.) are to have their place in the common use of language that have them made current. It looks like to much affectation wholly to lay them by, and philosophy itself must have so much complacency, as to be clothed in the ordinary fashion and language. But the fault has been, that faculties have been spoken of and represented, as so many distinct agents. For it being asked, what it was that digested the meat in the stomach, it was a ready and very satisfactory answer to say that it was the digestive faculty* u. s. w. *Which ways of speaking, when put into more intelligible words will, I think, amount to thus much: that digestion is performed by something that is able to digest, motion by something able to move, and understanding by something able to understand. And in thruth it would be very strange, if it should be otherwise.*

salität, der Kraft und des Vermögens machen den Erkenntnisswerth derselben im Grunde nicht abhängig von der Nachweisung der Art, wie wir nach seiner Ansicht zu ihnen gelangen. Wir denken zu der Mannigfaltigkeit der Merkmale eines Dings die Einheit des Dings selbst hinzu, wir setzen den Veränderungen der Dinge Ursachen, Kräfte und Vermögen voraus, nach Locke's Lehre dazu veranlasst durch die Thatsachen der inneren und äusseren Erfahrung; aber nicht der empirische Ursprung dieser Vorstellungsarten ist es, was ihn misstrauisch macht gegen die Befriedigung, welche sie der Schulmetaphysik gewährt hatten; sondern dass sie den unmittelbaren Inhalt der Wahrnehmung überschreiten und gleichwohl keinen Aufschluss über das darbieten, worüber sie uns zu belehren vorgeben, dass sie, statt ein positives Wissen zu enthalten, uns vielmehr lediglich eine Grenze und eine Lücke desselben erblicken lassen, daran nimmt Locke's nüchterner Untersuchungsgeist Anstoss. Dass der Begriff des Dings und seiner Eigenschaften, — der allerdings dadurch nicht tiefsinniger wird, dass man diese Worte in die lateinischen Substanz und Accidenz übersetzt, — nicht die mindeste Belehrung darüber enthält, weder was das Ding ist, noch wie die gleichzeitigen oder successiven Merkmale zu ihm kommen und umgekehrt, dass der Begriff der Ursache die Art und Weise gänzlich unbestimmt lässt, wie die Dinge auf einander wirken und von einander leiden, diese kritische Reflexion ist für Locke der Sache nach von dem empirischen Ursprung dieser Begriffe ganz unabhängig und man darf wohl sagen, dass sie für ihn dasselbe Gewicht gehabt haben würden, wenn er jene Vorstellungsarten für angeboren zu erklären sich genöthigt gefunden hätte.

Nicht ganz in derselben Richtung verlaufen seine Erörterungen über Raum und Zeit. Beide erklärt er für einfache Vorstellungen, weil, obwohl Theile des Raums und der Zeit unterschieden werden können, doch in dem Inhalte der Vorstellung von Raum und Zeit keine Mehrheit verschiedenartiger Vorstellungen unterschieden werden kann;[83]) alle Vorstellungen, die unter den allgemeinen Begriff des Raumes und der Zeit fallen, sind einfache *modi* derselben. Ueber den Ursprung der Vor-

83) Vgl. die oben Anm. 31 angeführte Anmerkung zu B. II, ch. XV, § 8 und dazu noch folgende Worte: *So that, if the idea of extension consists in having partes extra partes (as the school speaks), 'tis always a simple idea, because the idea of having partes extra partes cannot be resolved into two other ideas.*

stellung des Raums begnügt er sich mit der einfachen Bemerkung, dass wir sie durch Gesichts- und Tastempfindungen erhalten.[84]) Da die Ausdehnung und Solidität für ihn zu den wirklichen Eigenschaften der Körper gehört, so macht ihm die Frage, wie wir durch Gesichts- und Tastempfindungen räumliche Vorstellungen gewinnen, nicht die geringste Sorge; viel wichtiger ist es ihm, die Modificationen nachzuweisen, denen die Vorstellung des Raums zugänglich ist und zu zeigen, dass die Vorstellung des Raums mit der der Körperlichkeit nicht identisch ist und die Cartesianische Schule kein Recht hat, beide gleichzusetzen. Selbst die in psychologischer Beziehung geradezu entscheidende Frage, ob die bestimmten und individuellen räumlichen Auffassungen die Grundlage für die allgemeine Vorstellung des Raums, oder diese die Grundlage für jene darbieten, erörtert er nicht ausdrücklich; seiner ganzen Denkart nach hätte er sich für das erstere entscheiden müssen und doch behandelt er den Raum durchaus als das allen besonderen Raumbestimmungen zu Grunde Liegende. Jede bestimmte Entfernung ist eine Modification des Raums und jede Vorstellung derselben ein einfacher *modus* der Vorstellung von Raum. Die Möglichkeit, bestimmte Entfernungen so oft zu wiederholen als man will, gibt uns die Vorstellung der Unermesslichkeit des Raums; die Möglichkeit, die allgemeine Vorstellung des Raums entweder durch wirklich wahrgenommene, oder durch beliebig angenommene Verhältnisse der Grenzen gewisser Theile desselben zu bestimmen, führt auf den Begriff der Gestalt und zu der Möglichkeit, sich eine endlose Mannigfaltigkeit von Gestalten zu denken.[85]) Die Vorstellung des bestimmten Verhältnisses zwischen zwei oder mehreren Punkten im Raume, die man unter einander als ruhend betrachtet, bezeichnet der Begriff des Orts oder der Stelle, und Locke hebt hervor, dass, obgleich die gewöhnliche Auffassung den Dingen ihren Ort nur mit Rücksicht auf den zunächstliegenden Raum anweise, doch der Begriff des Orts eigentlich ganz relativ ist; das Universum ist nirgendwo, weil ausser ihm nichts ist, in Beziehung worauf ihm sein Ort angewiesen werden

---

84) B. II, ch. XIII, § 2. Wenn er dabei auf B. II, ch. IV zurück verweist, so hatte er dort von der Solidität als einer Eigenschaft des Körpers gesprochen, um die Cartesianische Gleichsetzung zwischen Raum und Körperlichkeit abzuweisen. Darauf kommt er auch hier § 25 wieder zurück.

85) a. a. O. § 3—6.

könnte.[86]) So ist der Raum mit seinen drei Dimensionen, der Continuität und der Unbeweglichkeit seiner Theile[87]) für den Menschen ein durch den Gesichts- und Tastsinn Gegebenes, an welches sich durch die Möglichkeit der Wiederholung vorgestellter Raumgrössen die Vorstellung der Unermesslichkeit anknüpft; aber was der Raum an sich sei, erfahren wir dadurch nicht im Geringsten; Locke begnügt sich in dieser Beziehung zu sagen, er werde auf die Frage, was der Raum sei, ob eine Substanz oder ein Accidenz, antworten, sobald jemand im Stande sei zu sagen, was Ausdehnung und was eine Substanz sei oder woher man wisse, dass nur unausgedehnte Wesen denken und ausgedehnte Wesen nicht denken können.[88])

Etwas tiefer geht die Erörterung über die Vorstellung der Zeit, wenigstens hebt sie einen Gesichtspunkt hervor, der in psychologischer Beziehung fruchtbar ist. Locke legt das wesentliche Gewicht darauf, dass die Vorstellung des Zeitlichen gebunden ist an die Reflexion auf die Succession unserer eigenen Vorstellungen. Wen Anschauungen oder Gedanken dergestalt beschäftigen, dass er auf deren Succession nicht reflectirt, für den entsteht die Vorstellung der Dauer eben so wenig, als sie der Schlafende während eines traumlosen Schlafs hat. Erst die Aufmerksamkeit auf die Aufeinanderfolge unserer Vorstellungen gibt uns die Vorstellung der Succession und wir nennen Dauer die Entfernung zwischen bestimmten Theilen dieser Aufeinanderfolge.[89]) Ist einmal diese Vorstellung gewisser Zeitdistanzen entstanden, so ist es möglich, sie auf

86) a. a. O. § 7—10. — § 10. *That our idea of place is nothing else but a relative position of a thing, I think is plain. To say that the world is somewhere, means no more than that it does exist; this, though a phrase borrowed from place, signify only its existence, not location.*

87) a. a. O. § 13. 14. *The parts of pure space are immoveable, which follows from their inseparability, motion being nothing but change of distance between two things.*

88) a. a. O. § 15—17.

89) a. a. O. ch. XIV, § 3. *Reflection on these appearances of several ideas one after another in our minds is that which furnished us with the idea of succession, and the distance between any parts of that succession or between the appearance of any two ideas in our minds is that we call duration. For whilst we receive successively several ideas, we know that we do exist, and so we call the existence or the continuation of the existence of ourselves or any thing else, commensurate to the succession of our ideas, the duration of ourselves or any thing coexistent with our thinking.* Locke lässt hier den Begriff der Distanz in der Zeit und der Dauer in der gemeinsamen Bezeichnung *duration* in einander fliessen.

Dinge und Ereignisse zu übertragen, welche uns nicht unmittelbar ein Bewusstsein der Aufeinanderfolge von Vorstellungen gegeben haben, eben so wie wir räumliche Vorstellungen auf Dinge übertragen, die wir nicht gesehen und getastet haben;[90]) aber der Anknüpfungspunkt für unsere Vorstellung bleibt die Succession unserer Vorstellungen und die der räumlichen Bewegung eben nur insofern, als sie uns eine bestimmte Aufeinanderfolge von Vorstellungen aufdringt.[91]) Für diese Aufeinanderfolge, bemerkt Locke, scheine es ein gewisses Maass der Geschwindigkeit zu geben, wenn die Vorstellungen unterscheidbar bleiben sollen; dieses Maximum der Geschwindigkeit, also das Minimum der Dauer, während welcher nur eine Vorstellung ohne Succession wahrgenommen werden kann, ist der Moment.[92]) Wollen wir nun die Dauer messen, Zeitdistanzen bestimmen, so ist das nicht so unmittelbar möglich wie bei Raumgrössen; den Raum messen wir, indem wir beliebig angenommene Theile des Raums mit andern Raumgrössen vergleichen; eine solche unmittelbare Vergleichung der immerfort verschwindenden Zeitdistanzen ist nicht möglich, sie wird aber mittelbar möglich, wenn Grund zu der Voraussetzung vorhanden ist, dass irgend etwas eine Zeitstrecke in periodischer Wiederkehr in gleiche Theile theilt.[93]) Jedes in

---

90) a. a. O. § 5.

91) a. a. O. § 6. *If any one should think we did rather get (the notion of succession) from our observation of motion by our senses, he will perhaps be of my mind, when he considers, that even motion produces in his mind an idea of succession, no otherwise then as it produces there a continued train of distinguishable ideas.* § 16. *It is not the motion but the constant train of ideas in our minds, that furnishes us with the idea of duration; whereof motion no otherwise gives us any perception, than as it causes in our minds a constant train of ideas.*

92) a. a. O. § 9. *There seem to be certain bounds to the quickness or slowness of the succession of those ideas one to another, beyond which they can neither delay nor hasten.* § 10. *The reason I have for this odd conjecture is from observing, that in the impression made upon any of our senses we can but to a certain degree perceive any succession, which if exceeding quick, the sense of succession is lost Such a part of duration, wherein we perceive no succession is that we may call an instant, and is that which takes up the time of only one idea in our minds, without the succession of another, wherein therefore we perceive no succession at all.*

93) a. a. O. § 17. 18. *Nothing being a measure of duration but duration, as nothing is of extension but extension, we cannot keep by us any standing, unvarying measure of duration, which consists in a constant fleeting succession, as we can of certain lengths of extension Nothing then could serve well for a convenient measure of time, but what has divided the whole length of its duration into apparently equal portions by constantly repeated periods.* Beispiele dazu § 20.

scheinbar gleichen Perioden wiederkehrende Ereigniss kann daher zum Maass der Dauer benutzt werden, und wenn dazu vorzugsweise die scheinbare tägliche und jährliche Bewegung der Sonne benutzt wird, so hat das seinen Grund eben in der Voraussetzung, dass diese Bewegungen gleichförmig sind; eine absolute Gewähr für die Gleichförmigkeit dieses Maasses gibt es nicht.[94]) Wenigstens ist es nicht richtig die Zeit als das Maass der Bewegung zu definiren; um die letztere zu messen, muss der Raum nicht weniger in Betracht gezogen werden, als die Zeit, und die Bewegung, welche in Verbindung mit dem Raume das Maass der Zeit ist, kann nur dadurch zum Maasse der Zeit benutzt werden, dass sie eine constante Folge von Vorstellungen darbietet in Perioden, die gleich weit von einander entfernt zu sein scheinen.[95])

Während die Vorstellung des Räumlichen an die Auffassung äusserer Objecte, die des Zeitlichen an die Reflexion auf die Succession der Vorstellungen selbst gebunden ist, entsteht der Begriff der Zahl aus der Wiederholung und Zusammenfassung der Vorstellung der Einheit, die uns eigentlich Alles, was innerlich und äusserlich wahrgenommen wird, darbietet. Die Vorstellungen der Zahlen verbinden daher mit der grössten Einfachheit ihres Elements und der Möglichkeit einer vollkommen genauen Unterscheidung der einzelnen Zahlgrössen die grösste Allgemeinheit ihrer Anwendung. Die Bestimmtheit der Bezeichnung jedes einzelnen Glieds der Zahlenreihe macht es einerseits möglich durch sie alle anderen Grössen zu messen,[96]) und die unbegrenzte Möglichkeit des Fortschritts in der Zahlenreihe ist andererseits eigentlich das, was wir unter der Unendlichkeit des Raums und der Zeit verstehen.[97])

Somit knüpft sich die Vorstellung der Unendlichkeit gleichmässig an Raum, Zeit und Zahl. Endlichkeit und Unendlichkeit sind *modi* der Quantität und können nur dem beigelegt werden, was Theile hat und durch Hinzufügung und Wegnahme derselben der Vermehrung und

---

94) a. a. O. § 19. 21.

95) a. a. O. § 22.

96) a. a. O. ch. XVI, § 1—4.

97) a. a. O. § 8. *The mind makes use of number in measuring all things, that by us are measurable, which principally are expansion and duration, and our idea of infinity, even when applied to those, seems to be nothing but the infinity of number This endless addition or addibility of numbers is that, I think, which gives us the clearest and most distinct idea of infinity.*

Verminderung zugänglich ist; daher sind diese Begriffe da nicht anwendbar, wo ein Vorgestelltes einer Vermehrung durch hinzugedachte Theile nicht zugänglich ist; es gibt Grade des Weissen und Süssen, aber kein unendliches Weiss und Süss.[98]) Der Ursprung dieser von allem Verkehr mit dem, was in den Bereich unserer Erfahrung fällt, scheinbar so entfernten Vorstellung liegt aber nirgends anders als in der unbeschränkten Möglichkeit, bestimmte Räume und Zeiten mit Hülfe der ebenfalls an keine bestimmte Grenze gebundenen Zahlenreihe ohne Ende zu wiederholen.[99]) Der Begriff der Unendlichkeit ist daher ein negativer, nämlich der eines möglichen endlosen Fortschritts; die Meinung, dass er ein positiver Begriff sei, beruht auf der falschen Ansicht, als ob das Ende eine Verneinung, also die Verneinung desselben eine Bejahung sei, während vielmehr das im Begriff des Unendlichen verneinte Ende das letzte positive Glied der durchlaufenen Reihe ist; was an dem Begriff des Unendlichen positiv ist, bezieht sich auf die durchlaufenen Theile der Reihe, nicht auf die noch zu durchlaufenden.[100]) Es sei daher wohl möglich, die Unendlichkeit des Raums, der Zeit, der Zahl d. h. die Möglichkeit eines Fortschritts ohne Ende, aber nicht, einen unendlichen Raum, eine unendliche Zeit, eine unendliche Zahl vorzustellen; denn das hiesse behaupten, dass eine Reihe, in deren Begriff es liegt nicht durchlaufen werden zu können, wirklich durchlaufen sei.[101]) Dasselbe gilt von

98) a. a. O. ch. XVII, § 1. *Finite and infinite seem to me be looked upon by the mind as the modes of quantity and to be attributed in their first designation only to those things, which have parts and are capable of increase or diminution, by the addition or subtraction of any the least part.* § 6. *To the perfectest idea I have of the whitest whiteness, if I add another of a less or equal whiteness (and of a whiter than I have I cannot add the idea), it makes no increase; ... and therefore the different ideas of whiteness are called degrees... If you take the idea of white, which one parcel of snow yielded yesterday to your sight, and an another idea of white from another parcel of snow you see today, ... they embody, as it were, and run into one, and the idea of white is not at all increased.*

99) a. a. O. § 3 fgg. § 8. *The idea of infinity consists in a supposed endless progression.*

100) a. a. O. § 13—15.

101) a. a. O. § 7. *I think it is not an insignificant subtility, if I say, that we are carefully to distinguish between the idea of the infinity of space, and the idea of a space infinite. The first is nothing but a supposed endless progression of the mind; but to have actually the idea of space infinite, is to suppose the mind already passed over, and actually to have a view of all those repeated ideas of space, which an endless repetition can never totally represent to it; which carries in it a plain contradiction.*

der Vorstellung des unendlich Kleinen; wobei er zum Schlusse bemerkt, dass vielleicht die Mathematik den Begriff des Unendlichen auf eine andere Weise ableiten könne; dies hindere indessen nicht, dass der Mathematiker ursprünglich diese Vorstellung auf dieselbe Weise erworben habe, wie die übrigen Menschen.[102]) Es braucht kaum hinzugefügt zu werden, dass Locke durch diese Bestimmung des Begriffs des Unendlichen alle Speculationen, die auf den positiven Begriff eines wirklich existirenden Unendlichen irgend eine wissenschaftliche Deduction zu gründen unternehmen, stillschweigend abweist.

Während die bisherigen Erörterungen sich auf Begriffe bezogen, deren Bedeutung und Anwendung zwar nicht ausschliessend, aber vorzugsweise an die Auffassung der äussern Erfahrung gebunden ist oder sich wenigstens gleichmässig auf die äussere und innere Erfahrung erstreckt, unterwirft Locke noch einen Begriff, nämlich den der Identität und Verschiedenheit einer Untersuchung, deren Hauptgewicht auf eine Thatsache der innern Erfahrung fällt, nämlich auf die Identität, welche jeder sich selbst, seiner eigenen Persönlichkeit zuschreibt; eine Erörterung, von welcher gesagt werden muss, dass sie der erste Versuch ist, die Bedeutung dieser Thatsache festzustellen und dadurch wenigstens den Anknüpfungspunkt einer möglichen Untersuchung des Selbstbewusstseins zu gewinnen.

Locke geht dabei von der Bemerkung aus, dass der Begriff der Identität d. h. die Vorstellung, dass etwas dasselbe Ding sei, nicht auf die Persönlichkeit beschränkt ist, sondern sich zunächst auf äussere Dinge bezieht, so oft wir dieselben bei wiederholter Auffassung für dieselben erklären. Diese Erklärung gründet sich darauf, dass wir ein Ding an einer bestimmten Stelle zu einer bestimmten Zeit wahrnehmen; die Vorstellung der Identität beruht auf der vollkommenen Gleichheit unserer Vorstellungen von dem Dinge im Moment der jetzigen und der früheren Auffassung. Dabei fügt er aber doch hinzu, dass der Zuversicht der Annahme, ein Ding sei dasselbe, die Voraussetzung zu Grunde liege, es sei unmöglich, dass zwei Dinge derselben Art gleichzeitig an dem-

102) a. a. O. § 12. § 22. *Some mathematicians perhaps of advanced speculations may have other ways to introduce into their minds ideas of infinity; but this hinders not but they themselves, as well, as all other men, got the first ideas which they had of infinity in the method we have here set down.*

selben Orte existiren.[103]) Das sogenannte Princip der Individuation ist nichts Anderes, als dieses individuell bestimmte Dasein selbst, welches jedes Ding an eine bestimmte Zeit und einen bestimmten Ort bindet, die es mit einem andern derselben Art nicht theilen kann.[104])

Handelt es sich um die Feststellung der Art und Weise, in welcher die gewöhnliche Auffassung von einer Identität der Dinge spricht, so sind diese Bestimmungen gewiss zu eng; auch entgeht es Locke'n nicht, dass der von ihm geltend gemachte Haltepunkt der Vorstellung der Identität da nicht vorhanden ist, wo ein Ding in einer Reihe von Veränderungen für dasselbe gehalten wird.[105]) Er gesteht daher zu, ein unbelebter Körper sei streng genommen nur so lange derselbe, als die seine Masse constituirenden Theile dieselben sind; bei belebten Körpern, Pflanzen und Thieren, fahren wir aber trotz des Stoffwechsels und der Massenveränderung fort sie für dieselben Dinge zu erklären, indem wir uns dabei an die Einheit des organischen Lebens halten.[106]) Handelt es sich in ähnlicher Weise um den Grund, aus welchem wir einen bestimmten Menschen für denselben halten, so ist nicht die Einheit der Substanz,

---

103) B. II, ch. XXVII, § 1. *When we see any thing to bee in any place in any instant of time, we are sure, that it is that very thing and not another .. and in this consists identity, when the ideas attributed to, vary not at all from what they were that moment wherein we consider their former existence, and to which we compare the present; for we never finding, nor conceiving it possible, that two things of the same kind should exist in the same place at te same time, whe rightly conclude, that whatever exists any where at any time, excludes all of the same kind and is there itself alone. When therefore we demand, whether any thing be the same or no, it refers always to something that existed such a time in such a place, from whence it follows, that one thing cannot have two beginnings of existence, nor two things one beginning.*

104) a. a. O. § 3. *From what has been said, it is easy to discover, what is so much enquired after, the principium individuationis and that is plain the existence itself, which determines a being of any sort to a particular time and place, incommunicable to two beings of the same kind.*

105) a. a. O. § 2. *Only as to things whose existence is in succession, such as are the actions of finite beings v. g. motions and thoughts, . . . concerning their diversity there can be no question; because each perishing the moment it begins, they cannot exist in different times or in different places, as permanent beings can at different times exist in distant places.*

106) a. a. O. § 3. 4. *That being one plant, which has such an organisation of parts in one coherent body, partaking of one common life, it continues to be the same plant as long as it partakes of the same life* u. s. w. § 5. *The case is not so much different in brutes* u. s. w.

sondern die Einheit der Lebensfunctionen, wie sie sich in der ganzen äusseren Erscheinung des Menschen zu erkennen gibt, das, woran wir die Vorstellung seiner Identität anknüpfen; Niemand würde einen Papagey, und wenn er noch so vernünftig spräche, für einen Menschen erklären, und der einfältigste Mensch gilt immer noch für einen Menschen, wenn er so aussieht.[107])

Hiervon ganz verschieden ist aber die Frage nach der Einheit der Persönlichkeit, und hier macht nun Locke mit voller Entschiedenheit den Satz geltend, dass die empirische Auffassung unserer selbst uns keinen andern Haltepunkt für die Einheit der Person darbietet, als die Einheit und den continuirlichen Zusammenhang des Bewusstseins dessen, was wir in uns selbst als Ereigniss oder Thätigkeit wahrnehmen, also die Einheit des Selbstbewusstseins. Dieses Selbstbewusstsein dehnt sich zum Theil über Theile und Zustände des Körpers aus, ohne an sie ausschliessend oder vorzugsweise gebunden zu sein; es greift rückwärts in die Vergangenheit, und obwohl bei weitem nicht alle unsere Vorstellungsacte den Gedanken an das eigene Ich einschliessen und viele Bestimmungen des Ich im Laufe der Zeit ihm wieder verschwinden, so findet es doch, so oft es den Zusammenhang seines jetzigen Vorstellens mit seinem früheren Vorstellen und Handeln wieder anknüpfen kann, in dieser Einheit des Bewusstseins sich selbst; und die Einheit des Ich ist nichts Anderes als eben diese Einheit des Bewusstseins.[108]) Die Einheit des Ich entscheidet also nichts über die Einheit

107) a. a. O. § 6. 7. 8. *Whatever is talked of other definitions, ingenious observation puts it past doubt, that the idea in our minds, of which the sound man in our mouths is the sign, is nothing else but an animal of such a certain form: since I think it may be confident, that whoever should see a creature of his own shape and make, though it had no more reason all its life than a cat or a parrot, would call him still a man; or whoever should hear a cat or a parrot discourse, reason and philosophize, would call or think it nothing but a cat or a parrot.*

108) a. a. O. § 9. *To find wherein personal identity consists, we must consider what person stands for; which I think is a thinking intelligent being, that has reason and reflection and can consider itself as itself, the same thinking thing in different times and places; which it does only by that consciousness, which is inseparable from thinking and, as it seems to me, essential to it. By this every one is to himself that which he call self, it not being considered in this case, whether the same self be continued in the same or divers substances. For since consciousness always accompanies thinking and 'tis that that makes every one to be what he calls Self, ... in this alone consists personal identity and as far as this consciousness can be extended backwards to any past action or*

der ihm zu Grunde liegenden Substanz, ja die Frage nach der Einheit des ersteren geht nicht einmal als Frage auf die Einheit der letzteren.[109]) Um dies klar zu machen, wirft Locke zwei Fragen auf: 1) könnte, wenn die denkende Substanz eine andere würde, die Persönlichkeit dieselbe bleiben und 2) könnte, wenn die Substanz dieselbe bleibt, die Persönlichkeit sich ändern? mit andern Worten: ist die Einheit des Selbstbewusstseins in einer Mehrheit von Substanzen, und ist in einer und derselben Substanz eine Vervielfältigung der selbstbewussten Persönlichkeit denkbar? Beide Fragen, bemerkt er, haben zuvörderst für diejenigen keine Bedeutung, welche die psychischen Vorgänge lediglich als Functionen des animalischen Lebens betrachten, die an die materiellen Bestandtheile des Leibes gebunden sind. Denn diese denken die Einheit des Ich nothwendig als unabhängig von der Einheit der Substanz, gerade so wie die Einheit des Thiers nur die Einheit der Lebensfunctionen dieses bestimmten Organismus ist. Dieser Ansicht gegenüber hätten die, welche von der Einheit des Ich auf die Einheit der immateriellen Substanz schliessen, zu zeigen, warum die Identität des Ich mit einer Vielheit oder einem Wechsel der ihm zu Grunde liegenden immateriellen Substanz nicht vereinbar sei, und Locke ist im voraus geneigt anzunehmen, dass dies nicht mit zwingender Nothwendigkeit werde nachgewiesen werden können.[110]) Denn was die erste Frage anlangt, ob bei einem Wechsel der Substanz die Identität des persönlichen Bewusstseins beharren könne, so müsste sie bejaht werden, wenn es möglich wäre, das gesammte Bewusstsein aus der einen Substanz in die andere zu versetzen. Wäre das Selbstbewusstsein ein einiger und untheilbarer Act, so wäre das allerdings nicht möglich; aber das wirkliche Selbstbewusstsein ist kein solcher untheilbarer Act, sondern es ist immer die gegenwärtige Vorstellung früherer Thätigkeiten; und die Identität des Selbstbewusstseins bei einem Wechsel der Substanz wäre nicht undenkbar,

---

thought, so far reaches the identity of that person. — Ueber die Beziehung des Selbstbewusstseins auf die Zustände und Theile des Leibes vgl. § 17. 18.

109) a. a. O. § 10. *The question being, what makes the same person and not whether it be the same identical substance, which always thinks in the same person It being the same consciousness that makes a man be himself to himself, personal identity depends on that only, whether it be annexed only to one individual substance, or can be continued in a succession of several substances.*

110) a. a. O. § 12.

wenn die Erlebnisse und Thätigkeiten der ersten Substanz von einer zweiten als in ihr früher geschehen vorgestellt werden könnten, obgleich dies nicht der Fall gewesen wäre, wie wir z. B. im Traume Dinge als wirklich vorstellen, die nicht wirklich sind noch waren. Will man also den Wechsel der Substanz für unvereinbar erklären mit der Identität des persönlichen Bewusstseins, so hat man zu beweisen, dass die angeführte Bedingung der Möglichkeit des Gegentheils nicht eintreten kann; so lange wir aber die Natur und die Wirkungsart denkender Substanzen nicht genauer kennen, als dies der Fall ist, lässt sich dieser Beweis nicht führen; wohl aber lässt sich behaupten, dass, wenn das Gesammtbewusstsein der einen Substanz in eine andere übertragen werden könnte, dann die Identität der Persönlichkeit trotz der Verschiedenheit der Substanz ungeschmälert bleiben würde.[111])

Die andere Frage, ob in einer und derselben Substanz eine doppelte oder überhaupt eine verschiedene Persönlichkeit würde entstehen können, enthält nichts Unmögliches, sobald man den Fall für möglich hält, dass der gesammte Inhalt des Bewusstseins dergestalt verloren geht, dass aus einem späteren Bewusstsein keinerlei Verbindungsglieder in das frühere zurückreichen. Die, welche eine Präexistenz der Seele und Seelenwanderung annehmen, nehmen eigentlich diese Möglichkeit an; aber wie man auch diese Frage beantworte, es wird dadurch nichts an der Thatsache geändert, dass die Identität der Persönlichkeit lediglich in dem continuirlichen Zusammenhange des Bewusstseins besteht.[112]) Auf dieser Continuität des empirischen Bewusstseins, setzt er hinzu, und (muss man in seinem Sinne hinzufügen) nicht auf der indeterministischen Willensfreiheit, beruht die Zurechnung unserer Handlungen zu uns selbst sammt dem Rechte, Strafen und Belohnungen zuzufügen.[113])

Locke bemerkt am Schlusse dieser Erörterung über das Ich, die von ihm aufgeworfenen Fragen sammt deren hypothetischer Beantwor-

---

111) a. a. O. § 13.

112) a. a. O. § 14. — § 17. *Self is that conscious thinking thing (whatever substance made up of, wheter spiritual or material, simple or compounded, it matters not) which is sensible, or conscious of pleasure and pain, capable of happiness and misery and so is concerned for it self, as far as that consciousness extends.* Dass die Einheit der Substanz ohne die Continuität des Bewusstseins keine Persönlichkeit einschliesst, führt er weitläuftig aus § 23. 24.

113) a. a. O. § 18. 26.

tung werden Manchem wohl fremdartig vorkommen und er gebe zu, dass wenn wir von dem Wesen der Seele etwas wüssten, dergleichen Fragen überflüssig, ja selbst absurd sein würden; aber eben dieses Wissen fehle uns; und es ist ein Beweis seines nüchternen Untersuchungsgeistes, dass er die Thatsache des Selbstbewusstseins und die empirischen Merkmale desselben von den Folgerungen unterscheidet, die man darauf gründen zu können geglaubt hatte.[114]) Das Resultat Locke's ist dasselbe, welches Kant in der Darlegung des »Paralogismus der reinen Vernunft« ausspricht, dass nämlich die Einheit des Ich nichts entscheidet über das Wesen der dem Selbstbewusstsein vorausgesetzten Substanz. An einen Versuch, die Thatsache der Ichheit irgendwie zu erklären, denkt keiner von beiden Denkern; aber die Analyse, welcher Locke den Begriff des Selbstbewusstseins unterwirft, hat vor der einfachen Anerkennung der psychischen Thatsache bei Kant den Vorzug, dass sie auf die Beziehungen zwischen dem Selbstbewusstsein und dem Gesammtinhalt des Bewusstseins wenigstens in allgemeinen Umrissen hinweist.

IV.

Nachdem Locke die wichtigsten der Begriffe, durch welche wir die uns umgebende Welt und uns selbst auffassen, darauf hin geprüft hat, inwiefern sie eine wirkliche Erkenntniss darbieten, geht er dazu über nicht nur den wirklichen, sondern auch den möglichen Umfang des menschlichen Wissens zu bestimmen, insofern er durch die Art, wie unser Vorstellungskreis zu Stande kommt, bedingt ist. Die letzten Capitel des II. Buchs enthalten einige dazu nöthige Präliminärbestimmungen, indem sie Verschiedenheiten unter den Vorstellungen und Begriffen hervorheben, die entweder in der Art, wie sie selbst gedacht werden, oder in ihrer Beziehung auf die Objecte der Erkenntniss sich zu erkennen geben. In der ersteren Beziehung sind die Vorstellungen entweder klar und deutlich, oder dunkel und verworren, in der letzteren bezeichnen

114) a. a. O. § 27. — § 25 erklärt es Locke für die wahrscheinlichere Meinung, dass das Selbstbewusstsein an eine immaterielle Substanz gebunden sei; aber über den Mangel des Wissens darüber spricht er sich B. IV, ch. III, § 6 eben so entschieden als bescheiden aus. Seine skeptische Behandlung der Frage, ob ein materielles Wesen vorstellen und denken könne, hat ihren Grund lediglich hierin.

sie einerseits entweder wirkliche Dinge oder Einbildungen, andrerseits entsteht im Zusammenhange damit die Frage nach ihrer Wahrheit oder Falschheit.

Eine einfache Vorstellung ist klar, wenn sie der Art, wie das Object sich darstellt oder für eine wohlgeordnete Auffassung darstellen würde, entsprechen. Die Klarheit zusammengesetzter Vorstellungen besteht in der Klarheit der einfachen in ihr verknüpften Vorstellungen.[115]) Die Deutlichkeit einer Vorstellung oder eines Vorstellungscomplexes besteht in der Möglichkeit ihn von jeder andern Vorstellung zu unterscheiden.[116]) Deutlichkeit und Verworrenheit sind gebunden an die Beziehung einer Vorstellung auf andere Vorstellungen;[117]) bei zusammengesetzten Vorstellungen sind es die sie bildenden Theilvorstellungen, von deren vergleichender Unterscheidung die Deutlichkeit abhängt.[118]) Aber Deutlichkeit und Verworrenheit ist zugleich wesentlich an die Sprache gebunden; denn da jede Vorstellung für jeden, der sie denkt, gerade das bezeichnet, was er dabei denkt, und also für ihn von jeder andern Vorstellung hinreichend unterschieden ist, so würde es gar keine verworrenen Vorstellungen geben, wenn nicht die schon vorhandene Verschiedenheit der Worte und Benennungen der Dinge die Voraussetzung einschlösse, dass verschieden benannte Arten der Dinge auch verschieden seien; eine Vorstellung ist dann verworren, wenn sie als Vorstellung einer bestimmten Art von Dingen eben so gut die Bezeichnung durch die Benennung einer andern Art von Dingen gestattet; ohne diese Beziehung auf diese in der Sprache schon festgestellten Zeichen der Dinge (oder der ihrer Verschiedenheit entsprechenden Vorstellungscomplexe) würde es wenigstens schwer sein zu sagen, was eine verworrene Vor-

---

115) B. II, ch. XXIX, § 2. *Our simple ideas are clear, when they are such, as the objects themselves, from whence they were taken, did or might, in a well-ordered sensation or perception, present them. So far as they either want any thing of that original exactness or have lost any of their first freshness, so far are they obscure. Complexe ideas, as they are made up of simple ones, so they are clear, when the ideas that go to their composition are clear.*

116) a. a. O. § 4. *A distinct idea is that wherein the mind perceives a difference from all other; and a confused idea is such an one, as is not sufficiently distinguishable from another, from which it ought to be different.*

117) a. a. O. § 11. *Confusion making a difficulty to separate two things that should be separated, concerns always two ideas.*

118) a. a. O. § 7. 8. 10.

stellung sei.[119]) Vorstellungen, welche klar und deutlich sind, kann man bestimmte Vorstellungen nennen; es sind solche, die, so oft sie gedacht werden, unveränderlich an ein bestimmtes Wort als das constante Zeichen gerade dieser Vorstellung und dieses Vorstellungscomplexes gebunden sind.[120])

Vorstellungen, die in der Natur begründet sind und in der Wirklichkeit der Dinge ihren Beziehungspunkt oder ihr Vorbild haben, nennt Locke reelle, im Gegensatze zu phantastischen.[121]) Den Gebrauch, den er hier und im weiteren Verlauf des Werks von der Bezeichnung: reelle Vorstellungen im Gegensatze zu blossen Einbildungen macht, gestattet dieser Unterscheidung die Bezeichnung gültig und ungültig, freilich in einem doppelten, wesentlich verschiedenen Sinne zu substituiren, insofern dadurch entweder die durch innere oder äussere Erfahrung gewährleistete Thatsächlichkeit oder deren Mangel oder auch die blosse Widerspruchlosigkeit eines Begriffs bezeichnet wird. Locke bedient sich dieser Bezeichnung sowohl im Sinne jener empirischen, als dieser logischen Gültigkeit. Er erklärt desshalb zuvörderst alle einfachen Vorstellungen für reell, d. h. sie sind mit Ausnahme der sogenannten ersten

---

119) a. a. O. § 5. *Let any idea be as it will, it can be no other but such as the mind perceives it to be, and that very perception sufficiently distinguishes it from all other ideas No idea therefore can be undistinguishable from another.* § 6. *To remove the difficulty we must consider that things, ranked under distinct names, are supposed different enough to be distinguished, and there is nothing more evident, than that the greatest part of different names are supposed to stand for different things. Now every idea a man has, being visible, what it is, and distinct from all other ideas but itself, that which makes it confused, is, when it is such, that it may as well be called by another name, as that which it is expressed by; the difference which keeps the things distinct and makes some of them belong rather to the one and some of them to the other of those names, being left out; and so the distinction, which was intended to be kept up by those different names, is quite lost.* Vgl. § 12.

120) *Epistle to the Reader* (p. 9): *I have in most places chose to put determinate or determined instead of clear and distinct. This I think may fitly be called a determinate or determined idea, when such as it is at any time objectively in the mind and so determined there, it is annexed and without variation determined to a name, which is to be steadily the sign of that very same object.*

121) B. II, ch. XXX, § 1. *By real ideas I mean such as have a foundation in nature, such as have a conformity with the real being and existence of things or with their archetypes. Fantastical or chimerical I call such, as have no foundation in nature nor have any conformity with the reality of being, to which they are tacitly referred, or with their archetypes.*

Qualitäten zwar keine Abbildungen der Qualität der Dinge, aber sie sind jederzeit der Einwirkung der Dinge auf unsere Wahrnehmung proportional.[122]) Er nennt aber auch alle die Vorstellungen und Begriffe reell, welche, ohne an einen äusseren Gegenstand als ihr Original gebunden zu sein, Producte einer willkührlichen Verknüpfung von unter einander verträglichen Vorstellungen sind. Wer den Begriff des Muths oder der Gerechtigkeit denkt, verknüpft, ohne den Anspruch ein existirendes Ding zu bezeichnen, gewisse Vorstellungen, und so lange diese unter einander verträglich sind, hat der Begriff die Bedeutung eines reellen d. h. er ist gültig; abgesehen von in sich widersprechenden Begriffen könnte bei allen derartigen Begriffen die Befürchtung einer Einbildung nur dann entstehen, wenn das sprachliche Zeichen, durch welches jemand einen solchen Begriff bezeichnet, in dem gewöhnlichen Sprachgebrauch eine andere Bedeutung hätte.[123]) Die Vorstellungen der Substanzen endlich (der Dinge) sind nur in so weit reell, als sie Verknüpfungen solcher Merkmale sind, die den an den Dingen factisch vorkommenden Verknüpfungen der Merkmale entsprechen; Abweichungen davon sind Einbildungen.[124])

Aber bei den reellen oder gültigen Vorstellungen und Begriffen fragt es sich ausserdem, ob sie adäquat oder inadäquat sind. Adäquat würden die Vorstellungen sein, welche dem Originale, auf wel-

---

122) a. a. O. § 2. *Our simple ideas ave all real, all agree to the reality of things. Not that they are all of them the images or representations of what does exist; the contrary whereof, in all but the primary qualities of bodies, hath been already shewed. But though whiteness and coldness are no more in snow than pain is, yet those ideas of whiteness and coldness, being in us the effects of powers in things without us, they are real ideas in us, whereby we distinguish the qualities that are really in things themselves, ... the reality lying in that steady correspondence they have with the distinct constitutions of real beings.* Wenn Locke die einfachen Vorstellungen bisweilen Copieen der Dinge nennt, so thut er das nicht in dem Sinne, als wolle er dadurch eine qualitative Gleichheit zwischen den Dingen und den Vorstellungen bezeichnen, sondern sie sind eben nur Copieen d. h. Wirkungen einer äusseren Ursache ohne qualitative Gleichheit des Bewirkten mit dem Wirkenden vgl. B. II, ch. XXXI, § 12. 13.

123) a. a. O. § 4. *Mixed modes and relations having no other reality but what they have in the minds of men, there is nothing more required to those kind of ideas to make them real, but that they be so framed, that there be a possibility of existing conformable to them. These ideas themselves being archetypes, cannot differ from their archetypes and so cannot be chimerical, unless any one will jumble together in them inconsistent ideas.*

124) a. a. O. § 5.

ches der Vorstellende sie bezieht, vollkommen entsprechen; inadäquat die, welche dieser Forderung zum Theil nicht entsprechen.[125]) Einfache Vorstellungen nun sind immer adäquat, denn sie sind der vollständige Ausdruck der Wirkung der Objecte auf den Wahrnehmenden.[126]) Eben so sind die Vorstellungen der *modi* und Relationen, die aus willkühr-lichen Verknüpfungen einfacher Vorstellungen entstehen, adäquat; denn da sie nicht die Dinge selbst, sondern die Gesichtspunkte und Beziehungen bezeichnen, deren sich das Denken bedient, um jenen mit Hülfe der Sprache ihre Stelle anzuweisen, da sie mithin kein ausser ihnen liegendes Original haben, sondern ihre eigenen Originale sind, so kann ihnen nichts an ihrer Angemessenheit fehlen, ausser in so fern, als zu ihrer Bezeichnung Worte angewendet würden, welche in der Vorstellung anderer Personen schon eine bestimmtere Bedeutung haben.[127]) Die Vorstellungen von den Substanzen oder Dingen aber sind durchaus höchst inadäquat; in der weitläuftigen Auseinandersetzung dieses Satzes wiederholt und ergänzt Locke seine früheren Erörterungen über den äusserst geringen Erkenntnisswerth der ganzen Art und Weise, wie wir das Verhältniss zwischen Ding und Eigenschaft aufzufassen gewohnt oder genöthigt sind.[128])

Von der Gültigkeit und Ungültigkeit der Vorstellungen unterscheidet endlich Locke noch die Wahrheit oder Falschheit derselben. Er geht dabei von dem Satze aus, dass Wahrheit und Falschheit nicht in isolirten Vorstellungen, sondern in ihren Verknüpfungen und Beziehungen liege, also sich nicht auf Begriffe, sondern auf Urtheile beziehe. Eine Vorstellung an sich selbst betrachtet, insofern ihr Inhalt lediglich als im Bewusstsein gegenwärtig angesehen wird, ist weder wahr noch falsch; die Frage nach Wahrheit und Falschheit entsteht erst, wenn eine Vorstellung rücksichtlich ihrer Uebereinstimmung oder Nichtübereinstimmung mit etwas Anderem, was nicht sie selbst ist, ins Auge gefasst wird.[129]) Dieser Vergleichungspunkt liegt, wenn man bei den gewöhn-

125) B. II, ch. XXXI, § 1.

126) a. a. O. § 2. *All our simple ideas are adequate, because being nothing but the effects of certain powers in things, fitted and ordained by God to produce such sensations in us, they cannot but be correspondent and adequate to those powers.*

127) a. a. O. § 3. 4.

128) a. a. O. § 6—11.

129) B. II, ch. XXXII, § 1. *When ideas themselves are termed true or false, there is still some secret or tacit proposition, which is the foundation of that denomination.*

lichen Fällen stehen bleibt, entweder in den Vorstellungen Anderer, sofern sie sich durch die Sprache zu erkennen geben, oder in der thatsächlich gegebenen Wirklichkeit der Dinge, oder in dem vorausgesetzten Wesen derselben.[130]) Handelt es sich um Wahrheit und Falschheit nach dem ersten Gesichtspunkte, so ist die Gefahr der letzteren bei weitem kleiner in Beziehung auf die Vorstellung der Dinge und ihrer Qualitäten, die ziemlich allgemein mit Benennungen bezeichnet werden, über deren Bedeutung kein Zweifel ist, als rücksichtlich der gemischten *modi.*[131]) Falsch können auch nicht die willkührlich gebildeten Begriffe sein, weil sie sich auf gar kein ausserhalb des Vorstellenden vorausgesetztes Original beziehen.[132]) Rücksichtlich der Beziehung der Vorstellungen auf die wirklichen Dinge endlich unterscheidet Locke zwischen den einfachen Vorstellungen ihrer Qualitäten und dem das Ding bezeichnenden Complexe derselben. Die ersteren sind eigentlich niemals falsch, denn sie sind den Wirkungen der Dinge proportional; ihre Wahrheit besteht in der Regelmässigkeit der sich in ihnen darstellenden Erscheinungen, und selbst wenn die Empfindungen des einen Menschen von denen des andern verschieden wären und z. B. dem einen als blau erschiene, was dem andern als gelb, so würde jeder durch das, was ihm erscheint, die Dinge mit ausreichender Sicherheit unterscheiden können.[133]) Aber die Vorstellungscomplexe, welche die Dinge bezeichnen,

---

§ 3. *Truth or falshood, lying always in some affirmation or negation, mental or verbal, our ideas are not capable, any of them, of being false, till the mind passes some judgment on them, that is affirms or denies something of them.* § 4. *Whenever the mind refers any of its ideas to any thing extraneous to them, they are then capable to be called true or false.* Vgl. § 20. 25. Locke setzt daher § 26 hinzu, es sei vielleicht zweckmässiger, von Richtigkeit und Unrichtigkeit der Vorstellungen zu sprechen. *All our ideas are in themselves right; but when we come to refer them to any thing, as to their patterns and archetypes, then they are capable of being wrong, as far as they disagree with such archetypes.*

130) a. a. O. § 4. 5. Einen vierten Gesichtspunkt, die logische Vergleichung des Inhalts der Vorstellungen, auf die er im vierten Buche alle strenge Erkenntniss zurückführt und beschränkt, übergeht er hier, wo es ihm eben nur um die Analyse des gewöhnlichen Gedankenkreises zu thun ist.

131) a. a. O. § 9. 10. 11. *When a man is thought to have a false idea of justice, gratitude, or glory, it is for no other reason, but that his agrees not with the ideas which each of those names are the signs of in other men.*

132) a. a. O. § 17.

133) a. a. O. § 14. 15.

können falsch sein, wenn entweder Merkmale, die die Dinge nicht haben, in sie aufgenommen, oder solche, die sie haben, weggelassen werden, wozu noch der viel gröbere Irrthum kommen kann, dass man blosse Einbildungen für wirkliche Dinge und die durch die sinnlich wahrnehmbaren Merkmale bestimmte Vorstellung des Dings für den Ausdruck ihres gänzlich unbekannten Wesens hält.[134])

V.

Während in den bisherigen Erörterungen Locke's das negative Resultat liegt, dass der menschliche Vorstellungskreis, wie er nun einmal ist, kein Wissen weder über das Wesen der Dinge, noch über das ihm selbst zu Grunde liegende reelle Substrat einschliesst, beginnt er im dritten Buche eine neue Reihe von Untersuchungen, um theils dieses negative Resultat weiter zu begründen, theils das Gebiet zu bestimmen, innerhalb dessen für den Menschen ein strenges positives Wissen möglich sei. Er eröffnet diese Untersuchung mit einer Erörterung über die Sprache, als den Ausdruck des Gedankenkreises, wie er sich als ein Gewordenes und relativ Fertiges zu erkennen gibt. Es ist dabei von keiner besonderen Wichtigkeit, dass er die Sprache für eine Erfindung des Menschen erklärt, die ihm vermöge seiner Fähigkeit, articulirte Laute zu äussern, möglich war;[135]) der Grund, warum er den Bedeutungen der Worte eine so ausführliche Erörterung widmet, ist der, dass in der Sprache sich die Vorstellungen und ihre Verknüpfungen zu erkennen geben. Zwischen Wort und Vorstellung findet eine unauflösliche Verschmelzung statt; was und wie der Mensch denkt, kann man nur aus dem abnehmen, was er spricht.[136]) Locke gesteht, er habe anfangs für den Gegenstand seiner Untersuchung die Berücksichtigung der Sprache

---

134) a. a. O. § 18. 22—24.

135) B. III, ch. II, § 1. 8.

136) a. a. O. § 2. *Words in their primitive and immediate signification stand for nothing but the ideas in the mind of him that uses them.* § 6. *Words being immediately the signs of mens ideas .... come by constant use to be such a connection between certain sounds and the ideas they stand for, that the names heard almost as readily excite certain ideas, as if the objects themselves, which are apt to produce them, did actually affect the senses.*

nicht für so nothwendig gehalten; aber eben weil unsere Erkenntniss, obgleich sie sich auf die Dinge bezieht, an Worte gebunden ist und Worte ein unvermeidliches Mittelglied zwischen den Gedanken und den Dingen sind, sei der Umfang und die Gewissheit der Erkenntniss mitbedingt durch die Beschaffenheit und Bedeutung der Worte.[137]) Obwohl Worte zunächst der Ausdruck der Vorstellungen sind, die der Sprechende selbst hat, so liegt doch ihrem Gebrauche stillschweigend eine doppelte Beziehung zu Grunde, theils auf die Vorstellungen anderer, theils auf die Natur der Dinge. Die Voraussetzung, dass ein Zweiter mit dem gesprochenen Wort dieselbe Vorstellung verknüpfen werde, welche der Sprechende dabei hat, ist innerhalb einer gemeinschaftlichen Sprache dem Menschen überaus natürlich, obwohl sie keineswegs immer gegründet ist, zumal häufig die Gedanken mehr an den Worten als an den Dingen haften und Menschen, die früher das Wort, als die durch dasselbe bezeichneten Vorstellungen kennen lernen, oft wie die Papageyen reden;[138]) in der andern Voraussetzung, dass Worte die Natur der Dinge bezeichnen, sieht Locke, obwohl er es hier nicht ausdrücklich ausspricht, geradezu den Fundamentalirrthum, aus dem die Selbsttäuschungen der Schulmetaphysik zum grossen Theile herfliessen.[139])

Hierauf bezieht sich sogleich die Erörterung über die Bedeutung der Worte, welche allgemeine Begriffe bezeichnen, oder, was dasselbe ist, der allgemeinen Begriffe selbst. Schon vorher hatte er bemerkt, dass die Sprache, selbst angenommen, dass die Bezeichnung jedes einzelnen Dings durch ein besonderes Wort möglich sei, in diesem Falle nur ein

---

137) B. III, ch. IX, § 21. *Tho' knowledge terminated in things, yet it was for the most part so much by the intervention of words, that they seemed scarce separable from our general knowledge. At least they interpose themselves so much between our understanding and the truth, which it would contemplate and apprehend, that like the medium through which the visible objects pass, their obscurity and disorder does not seldom cast a mist before our eyes and impose upon our understanding.*

138) B. III, ch. II, § 7. *Because by familiar use from our cradles we come to learn certain articulate sounds very perfectly and have them readily on our tongues, .. but yet are not always careful to examine or settle their significations perfectly, it often happens that men ... do set their thoughts more on words than things. Not only children, but men speak several words no otherwise than parrots do, only because they have learned them and have been accostumed to those sounds.* Vgl. ch. V, § 15.

139) a. a. O. § 5. *Because men would not be thought to talk barely of their imaginations but of things as really as they are, therefore they often suppose their words to stand for the relation of things.*

überaus unzureichendes und unbequemes Mittel der Mittheilung sein würde; sie benutzt also die von einer Mehrzahl individueller Dinge geltenden Allgemeinbegriffe und bezeichnet sie durch bestimmte Worte.[140]) Die Entstehung dieser allgemeinen Vorstellungen oder Begriffe betrachtet Locke, obwohl er von einem besondern Abstractionsvermögen gesprochen hatte, doch als einen unwillkührlichen psychischen Vorgang; das Wesentliche dabei ist, dass die besonderen Merkmale der einzelnen Begriffe weggelassen und die mehreren gemeinschaftlichen Merkmale in der Gesammtvorstellung des Art- oder Gattungsbegriffs verknüpft werden.[141]) Allgemeine Begriffe sind lediglich Erzeugnisse des Denkens; ihre Allgemeinheit gehört ihnen, den Begriffen, aber nicht den Dingen, die sie bezeichnen; es gibt, könnte man im Sinne Locke's sagen, allgemeine Begriffe, aber keine allgemeinen Dinge.[142]) Der allgemeine Begriff bezeichnet überhaupt weder ein einzelnes Ding, noch eine Mehrheit einzelner Dinge, sondern eine gewisse Art oder Gattung von Dingen, und wenn man durch ihn bezeichnen zu können glaubt, was die Dinge sind, so trifft dieses Wesen gar nicht die Dinge selbst, sondern die Arten, nach welchen man sie unterscheidet und ordnet.[143]) Die Richtung der Abstraction und die dadurch bedingte Unterscheidung bestimmter Arten mag dabei immerhin durch die unter den Dingen selbst stattfindende Aehnlichkeit bedingt sein;[144]) das Wesen der Arten, insofern wir diese durch allgemeine Begriffe bezeichnen, ist immer selbst eine allgemeine Vorstellung, die eine Art vermittelndes Glied ist zwischen den Dingen und den Worten, durch welche wir die letzteren bezeichnen,[145])

140) a. a. O. ch. I, § 3. — § 4 erwähnt er auch der Negationen und negativen Begriffe, ohne ihnen eine so eingehende Erörterung zu widmen, wie den allgemeinen.

141) B. III, ch. III, § 6 flgg.

142) a. a. O. § 11. *General and universal belong not to the real existence of things, but are the inventions and creatures of the understanding, and concern only signs, whether words or ideas. Words are general, when used for signs of general ideas, and ideas are general, when they are set up as the representatives of many particular things; but universality belongs not to things themselves, which are all of them particular in their existence.*

143) a. a. O. § 12. *That which general words signify is a sort of things Whereby it is evident, that the essence of the sorts or (if the latin word pleases better) species of things, are nothing else but these abstract ideas.*

144) a. a. O. § 13 (vgl. B. III, ch. VI, § 28).

145) a. a. O. *When we say, this is a man, that a horse ... what do we else but rank things under different specific names, as agreeing to those abstract ideas, of which*

und so wie nichts verbürgt, dass die Zerlegung und Classification, welche wir in unseren Abstractionen mit den Dingen vornehmen, der Natur der Dinge entspreche, so haben wir kein Recht, die Merkmale, die in unsern Art- und Gattungsbegriffen vorkommen, für das unentstandene und unzerstörbare Wesen der Dinge zu erklären; denn die Dinge entstehen, verändern sich und vergehen, aber die Begriffe ihrer Arten behalten ihre Bedeutung, nämlich für unser Denken, aber nicht für die Dinge. Dem concreten Ding ist jedes seiner Merkmale gleich wesentlich oder gleich unwesentlich; was die Vorstellung davon für wesentlich und unwesentlich hält, dafür liegt der regulirende Gesichtspunkt lediglich in den schon festgestellten Art- und Gattungsbegriffen.[146])

Dass den Dingen, abgesehen von der Art, in welcher wir sie durch allgemeine Begriffe bezeichnen und classificiren, ein eigenes Was zukomme, ist eine Voraussetzung, an der Locke so wenig zweifelt als daran, dass die Dinge sind; aber er fordert, dass man das reelle Wesen der Dinge, oder — weil wir von den Dingen in keiner anderen Weise etwas wissen, als indem wir sie vorstellen, — das reelle Wesen des Gedachten und Vorgestellten überhaupt von dem nominellen Wesen unterscheide. Das Wort Wesen, bemerkt er, bedeutet zunächst das, was ein Ding ist. Dadurch aber, dass die Schulphilosophie vorzugsweise mit allgemeinen Begriffen operirt habe, habe das Wort Wesen diese seine ursprüngliche Bedeutung beinahe ganz verloren, und man habe das Wesen der Dinge in den Benennungen gesucht, die die Sprache den Arten und Gattungen der Dinge je nach den darüber festgestellten All-

---

we have made those names the signs? And what are the essences of those species set out and marked by names, but those abstract ideas in the mind, which are, as it were, the bonds between particular things that exist, and the names they are to be ranked under? And when general names have any connection with particular beings, the abstract ideas are the medium that unites them, so that the essences of species, as distinguished and denominated by us, neither are nor can be any thing but those precise abstract ideas we have in our minds.

146) a. a. O. § 19. *All things that existe, besides their author, are all liable to change; in which changes it is evident, their real essence, i. e. that constitution, whereon the properties of these several things depended, is destroyed and perished with them. But essences being taken for ideas established in the mind, they are supposed to remain steadily the same, whatever mutations the particular substances are liable. From what has been said, it is evident, that the doctrine of the immutability of essences proves them to be only abstract ideas.* Vgl. ch. VI, § 4. 5.

gemeinbegriffen gibt. Das Wort Wesen ist in dem einen Falle an die Sache, in dem andern an das Wort, als die Bezeichnung des allgemeinen Begriffs geknüpft.[147])

Um nun die Frage, in wie fern durch allgemeine Begriffe das, was durch sie gedacht wird, auch erkannt wird, in wie fern also der allgemeine Begriff nicht bloss das nominelle, sondern auch das reelle Wesen ausdrückt, zu beantworten, greift Locke zurück zu seiner Unterscheidung zwischen einfachen und zusammengesetzten Vorstellungen, von denen die letzteren in solche zerfallen, die ohne Beziehung auf ein äusseres Object lediglich durch ihren eigenen Inhalt gedacht werden und keinen Vergleichungspunkt ausser sich haben (die gemischten *modi* und die Relationen), und solche, deren Bedeutung an die Beziehung auf ein äusseres Object gebunden ist (die Substanzen).

Es muss befremden, dass Locke von den einfachen Vorstellungen den Satz ausspricht, dass bei ihnen das reelle und das nominelle Wesen der durch ihre Namen bezeichneten Arten zusammenfällt.[148]) Er gibt nicht einmal einen Grund davon an; dieser kann für ihn auch nicht darin liegen sollen, dass etwa die sinnlich wahrgenommenen Qualitäten mit der eigenen Qualität der Dinge identisch wären; sondern er scheint zu diesem seiner eigenen Denkart nicht angemessenen Ausdrucke dadurch gekommen zu sein, dass das Was einer einfachen Vorstellung nur durch sich selbst erkennbar sei und sich jeder Definition entziehe.[149])

---

147) a. a. O. § 15. *First, essence may be taken for the being of any thing, whereby it is what it is. And thus the real internal, but generally in substances unknown constitution of things, whereon their discoverable qualities depend, may be called essence. This is the proper signification of the word, and in this sense it is still used, when we speak of the essence of particular things, without giving them any name. Secondly, the learning and disputes of the schools having been much busied about genus and species, the word essence had almost lost its primary signification and has been almost wholly applied to the artificial constitution of genus and species. It being evident, that things are ranked under names into sorts or species, only as they agree to certain abstract ideas, to which we have annexed a name, the essence of each genus or sort comes to be nothing, but that abstract idea, which the general or sortal (if I may have leave so to call it) name stands for. These two sorts of essences may not unfitly be termed, the one the* r e a l, *the other the* n o m i n a l *essence.*

148) a. a. O. § 18, vgl. ch. IV, § 3.

149) B. III, ch. IV, § 7. Vgl. damit § 18 die Nachweisung, warum bei einfachen Vorstellungen zwischen der niedrigsten Art und der höchsten Gattung nur sehr wenig Mittelglieder liegen.

Für die ganze grosse Classe von Begriffen ferner, welche er als gemischte *modi* und Relationen bezeichnet, legt er überall, wo er von ihnen spricht, das entscheidende Gewicht darauf, dass sie willkührliche, wenn auch nicht schlechthin zufällige und grundlose Verknüpfungen und Beziehungen einfacher Vorstellungen sind, die weder an die Voraussetzung einer äusseren Existenz, noch an die bestimmte Form des äusserlich Gegebenen gebunden sind.[150]) Sie haben daher kein Maass ausser sich; sie sind das, als was sie gedacht werden, ohne dass auch nur gefragt werden könnte, ob dieser Inhalt des Gedachten mit einem ausserhalb dieses Inhalts liegenden Objecte übereinstimme oder nicht; von einem Unterschiede dessen, was der Begriff enthält und was das Wort bedeutet, kann daher bei ihnen keine Rede sein; was der Begriff für den, der ihn bildet, enthält, besagt auch das Wort und desshalb fällt bei ihnen das nominelle und reelle Wesen zusammen.[151]) Wer den Begriff einer von drei Seiten begrenzten Fläche durch das Wort Dreieck bezeichnet, dessen Denken ist in der Feststellung dieses Begriffs nicht nur unabhängig von der Frage, ob ein Dreieck existirt, sondern der Begriff enthält auch den Grund der Eigenschaften des Dreiecks; das Wesen des Dreiecks ist der Inhalt seines Begriffs, eben so wie das Wesen der Dankbarkeit und der Gerechtigkeit in den in diesen Begriffen verknüpften Merkmalen liegt.[152]) Dieser Satz gilt, insofern bestimmte Begriffe dieser Art mit bestimmten Worten bezeichnet werden; bei der Masse von Zufälligkeiten, denen die Bildung dieser Begriffe sammt ihren Benennungen ausgesetzt ist, ist gleichwohl die Bedeutung der letztern im

---

150) B. III, ch. V, § 3. *The essences of the species of mixed modes are not only made by the mind, but made very arbitrarly, made without patterns or reference to any real existence. Wherein they differ from those of substances, which carry with them the supposition of some real being, from which the are taken, and to which the are conformable.* Die Ausführung und Limitation dieses Satzes vgl. § 5—7.

151) a. O. § 14. *The names of mixed modes always signifies (when they have any determined signification) the real essence of their species. For these abstract ideas being not referred to the real existence of things, there is no supposition of any thing more signified by that name, but barely that complex idea the mind itself has formed, and is that on which all the properties of the species depend and from which alone they flow; and so in these the real and nominal essence is the same.*

152) a. a. O. § 12. Er fügt hinzu: *Hence I think it is, that these essences of the species of mixed modes are by a more particular name called notions; as by a peculiar right appertaining to the understanding.*

allgemeinen viel schwankender, als die der Bezeichnungen für die einfachen Vorstellungen, wie schon daraus hervorgeht, dass jede Sprache eine Menge Worte hat, für die es in einer andern Sprache keine genau entsprechenden Worte gibt.[153])

Ein davon gänzlich verschiedenes Verhältniss findet aber bei den Vorstellungscomplexionen statt, durch welche wir die Dinge (die Substanzen) bezeichnen. Dass Locke auf diesen Gegenstand noch einmal sehr ausführlich zurückkommt, ist keineswegs eine blosse Wiederholung; während er vielmehr früher (vgl. oben S. 137 fgg.) sich auf die Nachweisung beschränkt hatte, dass das Was der den Dingen vorausgesetzten Substanzen factisch unbekannt sei, geht er hier auf die Nachweisung der Unmöglichkeit ein, dasselbe durch allgemeine Begriffe zu erkennen. Was wir von den Substanzen zu wissen glauben, fassen wir unter den allgemeinen Begriff der betreffenden Art von Dingen zusammen und der Inhalt dieses allgemeinen Begriffs gilt für das Wesen dieser Art; dergestalt dass das Wesen des einzelnen Dings durch die Beziehung auf den Inhalt des Begriffs seiner Art bestimmt wird. Dadurch wird die Entscheidung über das angebliche Wesen der Dinge in die Reihenfolge der logischen Abstractionen verwickelt. Ohne diese Beziehung auf die in den angenommenen Arten liegenden Unterscheidungsgründe dessen, was dem Dinge wesentlich und unwesentlich sein soll, ist ihm jede seiner Eigenschaften gleich wesentlich und gleich unwesentlich.[154]) Dass wir nun durch die Feststellung der Arten der Dinge die leisen und fast unmerk-

---

153) a. a. O. § 8. Vgl. B. III, ch. IX, § 6.

154) B. III, ch. VI, § 2. *The measure and boundary of each sort or species, whereby it is constituted a particular sort and distinguished from others is that we call its essence, which is nothing but that abstract idea to which the name is annexed.* § 11. 12. 13. *Our distinct species are nothing but distinct complex ideas with distinct names annexed to them. It is true, every substance that exists, has its peculiar constitution, whereon depend those sensible qualities and powers, we observe in it. But the ranking the things into species, which is nothing but sorting them under several titles, is done by us, according to the ideas we have of them.* § 4. *Let any one examine his own thoughts and he will find, that as soon as he supposes or speaks of essential, the consideration of some species or the complex idea signified by general name comes into his mind, and it is in reference to that, that this or that quality is said to be essential. So that essential and not essential relate only to our abstract ideas and the names annexed to them.* § 5. *All such paterns and standards being quite laid aside, particular beings, considered only in themselves, will be found to have all their qualities equally essential, and every thing, in each individual, will be essential to it, or, which is more, nothing at all.*

lichen Uebergänge zwischen ihnen, wie sie in der Wirklichkeit vorkommen, nur einigermassen vollständig erschöpfen können, ist mehr als unwahrscheinlich; wenigstens im Gebiete der lebendigen Wesen liegt eine feste Grenzbestimmung der einzelnen Arten weder in der Fortpflanzung, noch viel weniger in den sogenannten substanziellen Formen, von denen sich ohnedies Niemand etwas träumen lässt, als die Schulphilosophie.[155]) Sollte überhaupt diese Annahme, dass die Arten der Dinge durch gewisse ihnen inwohnende Formen oder Wesenheiten wirklich von einander unterschieden sind und durch die diesen substanziellen Formen entsprechenden allgemeinen Begriffe ihrem Wesen nach erkannt werden, gerechtfertigt werden, so müsste sich beweisen lassen, erstlich, dass die Natur überhaupt die Absicht habe, die Classen der Dinge nach gewissen vorausbestimmten Mustern hervorzubringen, eine Voraussetzung, die in der rohen Form, wie man sie gewöhnlich macht, einer viel genaueren Prüfung unterworfen werden müsste; sodann wäre zu untersuchen, ob die Natur die Darstellung dieser Wesenheiten immer ausführe und erreiche, wobei die Frage entstehen würde, ob Misbildungen eine eigene Classe von Dingen bilden oder zu einer andern Classe gehören; jedenfalls aber müsste das reelle Wesen der Dinge, die wir nach Classen sondern, uns bekannt sein, um nach dessen Unterschieden die Arten der Dinge zu bestimmen, und gerade dies ist bei unserer Unwissenheit über das Wesen der Dinge unmöglich.[156]) Vielmehr bestehen unsere Begriffe von den Dingen lediglich aus den empirisch wahrgenommenen Eigenschaften sammt den Kräften, welche wir ihnen beilegen; weder jene noch diese sind vollständig bekannt; die Erfahrung verräth davon bald weniger, bald mehr, und je nach dem Reichthum oder der Armuth dieser Kenntniss bedeutet eine und dieselbe Bezeichnung der Dinge für verschiedene Menschen Verschiedenes, zwar genug, um das Verständniss im Verkehr des gewöhnlichen Lebens zu sichern, aber durchaus zu wenig, um diese Begriffe von den Dingen als Ausdruck eines strengen

---

155) a. a. O. § 12. 23. 24.

156) a. a. O. § 14—19. — *To distinguish substantial beings into species, according to the usual supposition that there are certain precise essences or forms of things, whereby all the individuals existing are by nature distinguished into species, these things are necessary: fourthly, the real essence of those things, which we distinguish into species and as so distinguished we name, ought to be known.*

Wissens betrachten oder als Grundlage wissenschaftlicher Folgerungen benutzen zu können.[157])

Zu dieser in der Sache selbst gegründeten Unvollkommenheit der Erkenntniss, die dergestalt an die Sprache d. h. an den wirklich vorhandenen in der Sprache seinen Ausdruck findenden Gedankenkreis gebunden erscheint, dass die Bezeichnungen der einfachen Empfindungen und der einfachen *modi* noch am meisten geeignet sind, das, was sie bezeichnen sollen, bestimmt auszudrücken, während die Benennungen der *modi mixti* und der Substanzen dies nur sehr unvollkommen oder gar nicht leisten,[158]) kommen nun noch eine Menge von Fehlern im Gebrauche der Sprache, die zwar an sich vermieden werden könnten, die aber gleichwohl häufig begangen werden und den Gedankenkreis, insofern er auf Erkenntniss Anspruch macht, vollends verwirren. Bald braucht man Worte, mit welchen man überhaupt gar keinen bestimmten und klaren Begriff verbindet, ein Fehler zu dem schon der Umstand reiche Veranlassung gibt, dass die Menschen die Worte früher lernen als die durch sie bezeichneten Begriffe; bald bedient man sich der Worte in verschiedenen Bedeutungen, was eben so klug ist, als ob jemand in einer Rechnung ein und dasselbe Zahlzeichen für verschiedene Zahlgrössen anwenden wollte; bald gebraucht man, um tiefsinnig zu erscheinen, dunkle und unklare Bezeichnungen; bald nimmt man Worte für Bezeichnungen von Sachen, die gar nicht existiren, wobei Locke nicht unterlässt, die substanziellen Formen, die vegetativen Seelen, den *horror vacui* u. s. w. als Beispiele anzuführen; bald gibt man den Worten Bedeutungen, die sie nicht haben können, was namentlich bei den Worten, durch die wir die Dinge bezeichnen, überall der Fall ist, wenn wir meinen, dadurch ihr eigenes Wesen auszudrücken; bald setzt man irrthümlich als etwas Selbstverständliches voraus, dass die Worte eine unzweifelhafte und bestimmte Bedeutung haben, und streitet über Worte, bei welchen sich jeder der Streitenden im Grunde etwas Anderes denkt.[159]) Diese Fehler schliessen zum Theil geradezu grobe Irrthümer ein, und so findet sich Locke veranlasst, im 11. Capitel des dritten Buchs eine Art

157) a. O. § 20. *Our distinguishing substances into species by names is not at all founded on their real essence, nor can we pretend to range and determine them exactly into species according to internal essential differences.* cf. § 30. B. III, ch. IX, § 12—17.

158) B. III, ch. IX.

159) B. III, ch. X, § 1—22

pädagogischer Anweisung hinzuzufügen, wie wenigstens diese aus Nachlässigkeit und Mangel an Ueberlegung entstehenden Fehler vermieden werden können.

VI.

Die bisherigen Erörterungen bilden die Grundlage, auf welche gestützt Locke im vierten Buche seines Werks das abschliessende Urtheil über den Umfang und die verschiedenen Grade der Gewissheit der menschlichen Erkenntniss ausspricht. Der Fundamentalsatz, den er in dieser Beziehung an die Spitze stellt, besteht in der Erinnerung daran, dass für den menschlichen Geist der einzige Gegenstand seines Denkens seine eigenen Vorstellungen sind; alle Erkenntniss bezieht sich unmittelbar nicht auf die Dinge, sondern auf das Verhältniss der Vorstellungen; die Erkenntniss selbst ist die Wahrnehmung der Verknüpfung oder der Sonderung, der Vereinbarkeit oder Unvereinbarkeit, der Uebereinstimmung oder Nichtübereinstimmung unter den Vorstellungen und Begriffen. Wenn wir erkennen: weiss ist nicht schwarz, so nehmen wir die Unvereinbarkeit der diese Empfindungen bezeichnenden Vorstellungen wahr; und wenn wir erkennen: die drei Winkel eines Dreiecks sind gleich zwei rechten, so nehmen wir wahr, dass diese Bestimmung von den drei Winkeln des Dreiecks ohne Widerspruch nicht getrennt werden kann.[160]) Als die Classen der Fälle, in denen über Uebereinstimmung und Nichtübereinstimmung der Vorstellungen geurtheilt wird, unter-

---

160) B. IV, ch. I, § 1. *Since the mind in all its thoughts and reasonings, hath no other immediate object but its own ideas, which it alone does or can contemplate, it is evident, that our knowledge is only conversant about them.* § 2. *Knowledge then seems to me to be nothing but the perception of the connexion and agreement or disagreement and repugnancy of any of our ideas. In this alone it consists.* Das Wort *agreement* schliesst Identität und Zusammengehörigkeit zugleich ein. Es mag erlaubt sein, für dasselbe der Kürze wegen das deutsche Wort Uebereinstimmung zu gebrauchen. — Am Schlusse des Capitels § 8 9 setzt Locke, um seine Definition der Erkenntniss vor dem Einwurfe zu schützen, als sei sie zu eng, noch den Unterschied zwischen wirklicher und habitueller oder gedächtnissmässiger Erkenntniss aus einander, bei welcher letzteren wir die Ueberzeugung von der Richtigkeit eines Satzes haben, weil wir uns erinnern, den Zusammenhang seiner Beweise früher eingesehen zu haben, ohne dass dieser Zusammenhang uns gerade jetzt gegenwärtig ist.

scheidet Locke folgende vier: 1) Identität und Verschiedenheit, 2) Beziehungen, 3) Coexistenz, 4) Wirklichkeit.[161]) Die Entscheidung über Einerleiheit und Nichteinerleiheit der Vorstellungen ist der erste, allen übrigen zu Grunde liegende Act des Geistes, der in jedem einzelnen Falle unmittelbar und nicht erst durch Vermittelung eines allgemeinen Denkgesetzes stattfindet, wo der Inhalt des Vorgestellten mit Bestimmtheit gedacht wird. Entsteht über Einerleiheit und Nichteinerleiheit ein Zweifel, so wird man immer finden, dass er sich nicht auf den Inhalt der Vorstellung, sondern auf den Namen bezieht. Von allen ihrem Inhalt nach verschiedenen Vorstellungen gilt in alle Ewigkeit der Satz, dass die eine nicht die andere ist; aber das würde zu keinerlei positiver Erkenntniss führen, wenn wir nicht durch die verschiedenen Gesichtspunkte ihrer Vergleichung Mittel gewännen über ihre Verhältnisse und Beziehungen zu urtheilen. Die dritte Classe von Fällen, wo wir über Uebereinstimmung und Nichtübereinstimmung urtheilen, bietet die Coexistenz d. h. die gleichzeitige Verknüpfung der Merkmale in den Dingen dar; die vierte soll die Anerkennung oder Voraussetzung der Existenz des Vorgestellten bezeichnen.[162]) Die Unterscheidung dieser vier Classen schliesst eigentlich zwei verschiedene Gesichtspunkte ein; die beiden ersten halten sich innerhalb des Vorstellungskreises selbst, die beiden letzten beziehen sich auf das Verhältniss der Vorstellung zu den als wirklich gedachten Objecten der Vorstellung; sie können aber in so fern unter den ersten Gesichtspunkt gebracht werden, als in der als wirklich vorgestellten Verknüpfung der Merkmale in den Dingen der Grund der Annahme liegt, dass die diesen Merkmalen entsprechenden Vorstellungen mit einander verknüpfbar sind, und dass der Begriff der Existenz selbst eine von den Vorstellungen ist, welche in die vergleichenden Operationen des Erkennens mit eingeht. Uebrigens bemerkt

161) a. a. O. § 3. *To understand, wherein this agreement or disagreement consists, I think we may reduce it all to these four sorts: 1) identity or diversity, 2) relation, 3) coexistence or necessary connexion, 4) real existence.* § 7 *Within these four sorts of agreement or disagreement is, I suppose, contained all the knowledge we have or are capable of: for all the enquiries that we can make concerning any of our ideas, all that we know or can affirm concerning any of them, is, that it is or is not the same with some other; that it does or does not always coexist with some other idea in the same subject: that it has this or that relation to some other idea; or that it has a real existence.*

162) a. a. O. § 4—7.

Locke selbst, dass Identität und Coexistenz eigentlich nur Verhältnisse bezeichnen, dass es ihm aber rathsam geschienen habe, sie aus der Masse der letzteren herauszuheben, weil sie dem Denken so eigenthümliche Veranlassungen der Bejahung und Verneinung darbieten, dass sie eine gesonderte Betrachtung verdienen.[163])

Handelt es sich nun darum, die Arten oder, wie Locke sagt, die Grade der Erkenntniss[164]) zu bestimmen, so reduciren sich diese zunächst auf zwei Classen, je nachdem die Entscheidung über Uebereinstimmung oder Nichtübereinstimmung der Vorstellungen unmittelbar oder mittelbar, durch andere vermittelnde Vorstellungen erfolgt. Die erstere nennt er die intuitive, die zweite die demonstrative Erkenntniss. Die intuitive Erkenntniss wirkt unwiderstehlich, sie schliesst jeden Zweifel, jeden Aufschub der Entscheidung aus und bietet den grösstmöglichen Grad der Gewissheit dar.[165]) Die demonstrative Erkenntniss bedarf der Vermittelungen anderer Vorstellungen, deren Darlegung der Beweis ist; aber so wie das demonstrative Denken in jedem Punkte seines Fortschreitens auf die intuitive Erkenntniss der Uebereinstimmung oder Nichtübereinstimmung der den Fortschritt vermittelnden Begriffe zurückgewiesen ist,[166]) so unterscheidet es sich von der letzteren auch

---

163) a. a. O. § 7. *Though identity and coexistence are truly nothing but relations, yet they are so peculiar ways of agreement and disagreement of our ideas, that they deserve well to be considered as distinct heads and not under relation in general.*

164) Locke unterscheidet *degrees of knowledge* (B. IV, ch. II) und *degrees of assent* (B. IV, ch. XVI). Der erste Ausdruck bezeichnet in der That Arten der Erkenntniss, der zweite den Grad der Zustimmung, den uns eine Art der Erkenntniss abnöthigt.

165) B. IV, ch. II, § 1. *If we will reflect on our own ways of thinking, we shall find, that sometimes the mind perceives the agreement or disagreement of two ideas immediately by themselves, without the intervention of any other; and this I think we may call intuitive knowledge Such kind of truths the mind perceives at the first sight of the ideas together, by bare intuition, this kind of knowledge is the clearest and most certain that human frailty is capable of. This part of knowledge is irresistible, and like bright sunshine forces itself immediately to be perceived, as soon as ever the mind turns its view that way, and leaves no room for hesitation doubt or examination.* — § 2. *When the mind cannot so bring its ideas together, as by their immediate comparison and as it were juxtaposition to perceive their agreement or disagreement, it is fain by the intervention of other ideas to discover the agreement and disagreement, which it searches; and this is that which we call reasoning.* § 3. *Those intervening ideas .. are called proofs.*

166) a. a. O. § 7. *In every step reason makes in demonstrative knowledge, there is an intuitive knowledge of that agreement or disagreement it seeks with the next intermediate idea, which it uses as a proof.*

dadurch, dass es, so gewiss auch der geführte Beweis sein mag, doch den Zweifel nicht ausschliesst und überhaupt dem durch eine Reihe von Spiegeln reflectirten Lichte gleicht, welches bei jedem Reflexe etwas von seiner ursprünglichen Helligkeit verliert.[167])

Alles, was nicht unter diese intuitive oder demonstrative Erkenntniss fällt, gehört in das Gebiet der Meinung oder des Glaubens. Streng genommen, würde dahin auch die sinnliche Erkenntniss gehören d. h. die Voraussetzung, dass unseren Vorstellungen von den Dingen auch wirklich Dinge entsprechen. Denn obwohl nichts gewisser sein könne, als dass wir die Vorstellungen, die wir auf ein wirkliches Object beziehen, wirklich haben, so sei doch das ein Gegenstand des Zweifels, ob diese Beziehung der Vorstellung auf die Objecte sich rechtfertigen lasse. Indessen da, wenn Alles nur ein Traum wäre, alles Denken und Forschen sehr unnütz sein würde, und da der hartnäckigste Skeptiker, der z. B. das Feuer, das ihn brennt, für einen Traum erkläre, doch wenigstens die Verknüpfung seines Schmerzes mit der Vorstellung des brennenden Dings nicht leugnen könne, so scheine es gerechtfertigt, wenn ausser den beiden oben genannten Arten der Erkenntniss noch eine dritte, die sinnliche, angenommen werde.[168])

Auf Grund dieser Bestimmungen unternimmt nun Locke die definitive Abschätzung sowohl des Umfangs als der Realität der menschlichen Erkenntniss. Da alle Erkenntniss in der Wahrnehmung der Uebereinstimmung

167) a. a. O. § 4—6.

168) a. a. O. § 14. *These two, intuition and demonstration, are the degrees of our knowledge; whatever comes short of one of these, with what assurance soever embraced, is but faith, or opinion, but not knowledge, at least in all general truths. There is indeed another perception of the mind, employed about beyond bare probability and yet not reaching perfectly to either of the foregoing degrees of certainty. ... There can be nothing more certain, than that the idea we receive from an external object, is in our mind. But whether there be any thing more than barely that idea in our minds; is that, whereof some man think there may be a question made. If any one say a dream may do the same thing and all those ideas may be produced in us without any external objects, he may please to dream that I make him the answer,* 1) *that is no great matter, whether I remove his scruple or no; where all is but dream, reasoning and arguments are of no use,* 2) *that I believe he will allow a very manifest difference between dreaming of being in the fire and being actually in it So that, I think, we may add to the two former sorts of knowledge this also of the existence of particular external objects ... and allow these three degrees of knowledge, viz. intuitive, demonstrative and sensitive.* B. IV, ch. XI behandelt diesen Gegenstand noch einmal.

stimmung oder Nichtübereinstimmung der Vorstellungen besteht, so kann es zunächst keine Erkenntniss geben, wo die Vorstellung fehlt. Es kann auch keine geben, wo die Verhältnisse der Vorstellungen nicht innerlich wahrgenommen oder gedacht werden.[169]) Es folgt daraus, dass der Umfang der Erkenntniss nicht nur geringer sein wird, als die Wirklichkeit der Dinge, sondern auch beschränkter, als der Umfang unserer Vorstellungen. Denn während die sinnliche Erkenntniss sich nicht weiter erstreckt als die Wirklichkeit, die gerade jetzt unsere Sinne berührt, bieten sich weder mittelbar noch unmittelbar, also weder für die intuitive noch für die demonstrative Erkenntniss, alle die Beziehungen dar, welche zwischen den Vorstellungen möglich sind.[170]) Gewiss, sagt Locke, ist die menschliche Erkenntniss einer grossen Erweiterung fähig, wenn die Menschen aufrichtig und mit voller Geistesfreiheit auf die Entdeckung der Wahrheit denselben Fleiss und denselben Eifer wenden wollten, den sie anwenden, um Irrthümer, Partheiinteressen, einmal angenommene Systeme zu vertheidigen; aber er spricht zugleich die Ueberzeugung aus, dass unsere Erkenntniss niemals alles das umfassen werde, was wir zu wissen wünschen, und dass es immer unmöglich bleiben werde, gewisse Fragen, die sich auf Vorstellungen beziehen, die wir haben, zu beantworten.[171])

Werden diese allgemeinen Sätze auf die vier Classen der Fälle bezogen, rücksichtlich deren eine Entscheidung über Uebereinstimmung und Nichtübereinstimmung der Vorstellungen gesucht wird, Identität, Coexistenz, Relation und Wirklichkeit, so ergeben sich folgende nähere Bestimmungen zunächst über den Umfang der Erkenntniss. Was zuerst Identität und Nichtidentität der Vorstellungen anlangt, so ist in Beziehung auf sie der Umfang der Erkenntniss immer so gross, als der Umfang unseres Vorstellens; denn es ist unmöglich, eine Vorstellung zu haben, ohne unmittelbar zu wissen, dass sie sich selbst gleich und von jeder andern verschieden ist.[172]) Die Erkenntniss der Coexistenz dagegen d. h.

---

169) B. IV, ch. III, § 1. 2.

170) a. a. O. § 3—5. § 6. *From all which is evident, that the extent of our knowledge comes not only short of the reality of things, but even of the extent of our own ideas.*

171) a. a. O. § 6. Zu diesen Fragen rechnet er auch die, ob ein materielles Wesen denken könne, deren Unbeantwortlichkeit er hier erörtert.

172) a. a. O. § 8.

der Verknüpfung der Merkmale in den Dingen die wir als Substanzen bezeichnen, ist äusserst beschränkt. Denn dass die sinnliche Erkenntniss, vermöge deren wir überhaupt die Wirklichkeit der Dinge annehmen, sich nicht weiter erstreckt als unsere Erfahrung, versteht sich von selbst.[173]) Aber auch, was wir von den Dingen zu wissen im Stande sind, ist auf die Grenzen der Erfahrung beschränkt. Unsere Vorstellungen von den Dingen sind zunächst nichts als empirisch gegebene Complexionen einfacher Vorstellungen und wir haben kein Mittel, weder über die Ursachen gerade einer solchen Verknüpfung von Merkmalen, noch über die Art, wie die abgeleiteten Qualitäten durch die ursprünglichen bedingt sind, etwas zu entscheiden; insofern aber in jene Complexionen auch die Vorstellungen activer und passiver Kräfte, welche den Dingen inwohnen sollen, mitbestimmend eingehen, sind wir ebenfalls ganz und gar an die Erfahrung gewiesen, und während es ein demonstratives von der Erfahrung unabhängiges Wissen darüber gar nicht gibt, bezweifelt Locke, dass selbst eine erweiterte Erfahrung darüber, welche Kräfte in einer nothwendigen Verknüpfung und in einem nothwendigen Gegensatze unter sich und mit der empirisch gegebenen Beschaffenheit der Dinge stehen, einen wesentlichen Aufschluss zu geben im Stande sein werde.[174])

Rücksichtlich der Beziehungen und Verknüpfungen der Vorstellungen dagegen, deren Gültigkeit und Nothwendigkeit von der Vergleichung mit der Erfahrung unabhängig ist, gibt es nicht nur ein streng demonstratives Wissen, sondern es lässt sich im Voraus gar nicht bestimmen, bis zu welchen Grenzen auf diesem Gebiete die menschliche Erkenntniss sich werde erweitern können. Locke beruft sich in dieser Beziehung vor Allem auf das grosse Beispiel der Mathematik; aber er glaubt nicht, dass das Gebiet eines mit vollkommener Sicherheit fortschreitenden strengen Wissens auf Grössenbegriffe beschränkt sei; er hält namentlich die Moral einer gleich strengen Ausführung für zugänglich und findet den Grund, dass die Begründung und Erweiterung eines strengen Wissens vorzugsweise der Mathematik gelungen ist, hauptsächlich darin, dass die mathematischen Grundbegriffe weniger verwickelt sind als die

---

173) a. a. O. § 21. Im Gebiete des objectiv Seienden nimmt Locke davon nur das Dasein Gottes aus, für dessen Existenz er einen demonstrativen Beweis für möglich hält. Vgl. B. IV, ch. X.

174) a. a. O. § 10. 12. 13. 16.

moralischen, dass der Mathematik ein vollkommen genau bestimmtes und unzweideutiges Zeichensystem zu Gebote steht und dass sie der Unterstützung durch die sinnliche Anschauung zugänglich ist.[175])

Trotzdem ist unsere Unwissenheit jedenfalls unvergleichbar viel grösser als unser Wissen, und Locke hebt diese dunkle Seite des menschlichen Denkens geflissentlich hervor, um darauf aufmerksam zu machen, um wie viel nothwendiger es sei, sich der Lösung von Aufgaben zuzuwenden, die innerhalb der Grenzen unserer Befähigung liegen, als sich in dunkle Abgründe zu verlieren, wo unsere Augen uns gänzlich unnütz sind.[176]) Die Ursachen unserer Unwissenheit liegen vor Allem darin, dass uns Vorstellungen geradezu fehlen; in diesem Sinne sind die Schranken unserer Organisation, die uns nur ein beschränktes Erfahrungsgebiet zugänglich macht, und die dadurch bedingten Schranken der Erfahrung auch die Grenzen der möglichen Erkenntniss.[177]) Die zweite Ursache ist die Unmöglichkeit die vermittelnden Glieder zwischen unseren Vorstellungen und den durch sie bezeichneten Thatsachen aufzufinden; als eines der zunächst liegenden Beispiele führt Locke die Unmöglichkeit an, den Zusammenhang zwischen den äusseren Veränderungen der Körper und unseren eigenen Vorstellungen nachzuweisen.[178]) Eine dritte Ursache besteht darin, dass wir dem Inhalte der Vorstellungen, die wir haben und haben können, keine strenge Folge leisten; sie besteht in der Ungelenkigkeit, Schwerfälligkeit und Nachlässigkeit des Denkens und kann zum grössten Theile vermieden werden.[179])

---

175) a. a. O. § 18—20.

176) a. a. O. § 22.

177) a. a. O. § 23—26. *Distinct ideas of the several sorts of bodies, that fall under the examination of our senses, perhaps we may have, but adequate ideas, I suspect, we have not of any one amongst them. And tho' the former of these will serve us for common use and discourse, yet, whilst we want the latter we are not capable of scientifical knowledge; nor shall ever be able to discover general, instructive, unquestionable truths concerning them. Certainty and demonstration are things we must not, in these matters, pretend on.*

178) a. a. O. § 28. *How any thought should produce a motion in body, is as remote from the nature of our ideas, as how any body should produce any thought in the mind. That it is so, if not experience did convince us, the consideration of the things themselves would never be able, in the least, to discover to us.*

179) a. a. O. § 30.

Fragt man nun: worin besteht für Locke in letzter Instanz das, was dem Denken den Charakter der Erkenntniss, des Wissens gibt, so liegt die Antwort einfach in dem Satze: es ist die Anwendung der Formen und die Befolgung der Gesetze des Denkens, vermöge deren es sich in der Entscheidung über die Verhältnisse der Begriffe ausschliessend von dem Inhalte dieser Begriffe selbst leiten lässt. Die Wahrheit des Denkens ist gebunden an die Natur der Begriffe d. h. an das, was in ihnen gedacht wird, an ihren Inhalt, und die in diesem Inhalte des Gedachten liegenden Bestimmungen und Folgerungen sind ewige Wahrheiten, nicht weil sie vor dem Denken und unabhängig von demselben existiren, sondern, weil sie für jede Intelligenz, die sich nach dem Inhalte des Gedachten zu richten fähig ist, ohne Rücksicht auf Zeitverhältnisse gültig sind.[180]) Locke hält hiermit die Definition der Wahrheit fest, von welcher er ursprünglich ausgegangen war, dass nämlich ihr wesentliches Merkmal in der Uebereinstimmung der Gedanken nicht mit den Dingen, sondern unter sich selbst liege. Aber er verbirgt sich zugleich nicht, dass diese Bestimmung ungenügend erscheinen werde, weil eine Erkenntniss, die nur in der Uebereinstimmung der Gedanken unter sich selbst bestehe, über das Verhältniss derselben zu den Dingen nichts entscheide und blossen Phantasieen und Hirngespinsten denselben Werth

180) a. a. O. § 31. *In respect of universality, ... our knowledge follows the nature of our ideas. If the ideas are abstract, whose agreement or disagreement we perceive, our knowledge is universal. For what is known of such general ideas, will be true of every particular thing, in which that essence i. e. that abstract idea is to be found, and what is once known of such ideas, will be perpetually and for ever true.* B. IV, ch. XI, § 14. *Knowledge is the consequence of the ideas (be they what they will), that are in our minds producing their general certain propositions. Many of these are called aeternae veritates and all of them are indeed so, not from being written all or any of them in the minds of all men, or that they were any of them propositions in any one's mind, till he having got the abstract ideas But wheresoever we can suppose such a creature as man is, endowed which such faculties and thereby furnished which such ideas as we have, we must conclude he must needs, when he applies his thoughts to the consideration of his ideas, know the truth of certain propositions, that will arise from the agreement or disagreement which he will perceive in his own ideas. Such propositions are therefore called eternal truths, not because they are eternal propositions actually formed and antecedent to the understanding, that at any times make them; nor because the are imprinted on the mind from any pattern that are any where of them out of the mind and existe before; but because being once made about abstract ideas, so as to be true, they will by a mind having those ideas allways actually be true.*

zuzugestehen nöthige, wie den Untersuchungen des nüchternsten Menschen. Diese geforderte Uebereinstimmung der Gedankenverknüpfung mit den gedachten Gegenständen nennt Locke die Realität der Erkenntniss, und um zu zeigen, in wiefern sie sich, trotz der Beschränkung alles Erkennens auf das Denken, von blossen Einbildungen unterscheidet, macht er folgende Gesichtspunkte geltend.[181])

Wenn wir von Erkenntniss der Dinge sprechen, so gilt es sich zu besinnen, dass wir von den Dingen durchaus nicht unmittelbar, sondern lediglich vermittelst unserer Vorstellungen wissen, und man spricht von Realität der Erkenntniss, sofern angenommen werden kann, dass die Vorstellungen den Dingen entsprechen. Worin besteht nun das Kriterium der Uebereinstimmung oder Nichtübereinstimmung der Vorstellungen mit den Dingen? Wie kann das auf sich selbst beschränkte Denken wissen, ob es den Dingen entspricht? Um diese Frage zu beantworten, ist es nöthig die verschiedenen Classen der Vorstellungen zu unterscheiden.[182])

Was zuerst die einfachen Vorstellungen anlangt, so müssen sie gerade desshalb, weil das Denken sie nicht aus sich selbst erzeugen kann, bedingt sein durch die Einwirkung der Dinge auf den Geist. Sie sind also keine Einbildungen, sondern natürliche und regelmässige Wirkungen der ausser uns vorhandenen Dinge; sie zeigen uns die Dinge zwar nicht, wie sie sind, aber sie zeigen sie uns als solche Erscheinungen, welche die Dinge in uns hervorzurufen geeignet sind. In sofern stimmen unsere einfachen Vorstellungen mit der Existenz der Dinge überein, in einer Weise, die ausreichend ist um uns in der uns umgebenden Welt zurechtzufinden.[183]) Und darauf beruht auch die Realität

---

181) B. IV, ch. IV, § 1. *If our knowledge of our ideas terminate in them and reach no further, where there is something further intended, our most serious thoughts will be of little more use, than the reveries of a crazy brain But I hope, to make it evident, that this way of certainty, by the knowledge of our own ideas, goes a little further than bare imagination, and I believe it will appear, that all the certainty of general truths a man has, lies in nothing else.*

182) a. a. O. § 3.

183) a. a. O. § 4. *The simple ideas represent to us things under those appearances which the are fitted to produce in us; whereby we are enabled to distinguish the sorts of particular substances, to discern the states they are in and to take them for our necessities and apply them to our uses. ... Thus the idea of whiteness ... has all the real conformity it can or ought to have with things without us. And this conformity between our simple ideas and the existence of things is sufficient for real knowledge.*

unserer Erkenntniss von den Substanzen, obgleich sie an die empirische Wahrnehmung einer gewissen Verbindung von Merkmalen der Dinge gebunden und auf sie beschränkt ist.[184])

Alle übrigen Complexionen von Vorstellungen sind dagegen gar nicht darauf angelegt, Copieen oder Abbilder von irgend etwas ausser ihnen zu sein, sie beziehen sich nicht auf existirende Dinge, als ihre Originale, sondern sie bezeichnen nichts als sich selbst. Dass also diese Begriffe Realität haben d. h. dass der Begriff mit dem, was er bezeichnet, übereinstimmt, ist ganz unzweifelhaft. Und diese Uebereinstimmung erstreckt sich über die blossen Gedanken hinaus zu den Dingen selbst; denn in allem Denken und Schliessen, welches sich innerhalb dieser Begriffe bewegt, betrachten wir die Dinge, insofern (nicht sowohl unsere Vorstellungen mit ihnen, als vielmehr) sie, die Dinge, mit unseren Vorstellungen und Gedanken übereinstimmen.[185]) Das ausgebreiteteste Beispiel dieser Art von Erkenntniss bietet, wie schon bemerkt, die Mathematik dar, die jedermann nicht nur für eine gewisse, sondern auch für eine reelle Erkenntniss hält und welche gleichwohl sich nur mit Vorstellungen und Begriffen beschäftigt, ohne dass die Wahrheit und Wirklichkeit dieser Erkenntniss von der Existenz der Gegenstände abhängt, an denen die mathematischen Bestimmungen vorkommen mögen. Dass die drei Winkel eines Dreiecks zwei rechten gleich sind, ist eine reelle Erkenntniss, gleichviel ob ein dreieckigtes Ding existirt oder nicht. Und eben desshalb, weil der Geometer die Dinge insofern betrachtet, in wiefern sich geometrische Bestimmungen an ihnen finden, kann er darauf rechnen, dass, was von den geometrischen

---

184) a. a. O. § 12. *Herein therefore is founded the reality of our knowledge concerning substances, that all our complex ideas of them must be such and such only, as are made up of such simple ones, as has been discovered to coexist in nature. And our ideas being thus true, tho' not perhaps very exact copies, are yet the subjects of real (as far as we have any) knowledge of them.*

185) a. a. O. § 5. *All our complex ideas except those of substances, being archetypes of the minds own making, not intended to be the copies of any thing, not referred to the existence of things as to their original, cannot want any conformity necessary to real knowledge. So that we cannot but be infallibly certain that all the knowledge we attain concerning these ideas is real and reaches the things themselves. Because in all our thoughts, reasoning and discourses, we intend things no farther, than as they are conformable to our ideas. So that in these we cannot miss of a certain and undoubted reality.*

Constructionen, insofern auch von den Dingen gelten wird.[186]) Eben so verhält es sich mit den moralischen Begriffen; auch sie bedeuten nichts Anderes als sich selbst; sie richten sich nicht nach dem, was ist und geschieht, sondern dieses wird nach ihnen bestimmt, und wenn der Gedanke richtig ist, dass der Mord den Tod verdient, so wird dieser Satz von jeder wirklichen Handlung, die dem Begriffe des Mordes entspricht, ebenfalls gültig sein.[187])

So ist Wahrheit immer ein Prädicat von Sätzen, und ein Satz ist wahr, wenn er eine den Verhältnissen der Dinge d. h. des Gedachten entsprechende Verknüpfung oder Trennung der Zeichen enthält.[188]) Aber gerade darum, weil bei der Unentbehrlichkeit der Sprache zur Bezeichnung der Gedanken die Menschen oft in Begriffen zu denken glauben, während sie nur Worte mit einander verknüpfen, ist es nothwendig, die gedachte, begriffsmässige Wahrheit von der blos in den Worten liegenden zu unterscheiden.[189]) Die ausführliche Erörterung, welche Locke diesem Unterschiede widmet, hat die Absicht zu zeigen, dass das auf eine fortschreitende Erkenntniss gerichtete Denken in gewissem Sinne unabhängig sei und sich unabhängig halten müsse von der Sprache; dem wissenschaftlichen Denken ist sein Weg nicht nothwendig durch die in der Sprache vorhandenen Vorstellungscomplexe vorgezeichnet, sondern durch den Inhalt des Gedachten selbst. Desshalb ist die in dem sprachlichen Ausdruck liegende Wahrheit theils mehr als die gedachte; denn sie enthält ausser dem Verhältniss der Begriffe auch noch die Beziehungen der Worte auf einander; theils weniger, denn sie kann, obgleich wahr, doch leer an Erkenntniss sein.[190]) Zu solchen, den Worten

---

186) a. a. O. § 6. 7. Vgl. ch. XII, § 7.

187) a. a. O. § 7—9. Vgl. B. III, ch. XI, § 16.

188) B. IV, ch. V, § 2. *Truth seems to me, in the proper import of the word, to signify nothing but the joining and separating of signs, as the things signified by them do agree or disagree one with other. So that truth properly belongs only to propositions.*

189) a. a. O. § 3. *To form a clear notion of truth, it is very necessary to consider truth of thought and truth of words, distinctly one of another; but yet it is very difficult to treat of them asunder, because it is unavoidable, in treating of mental propositions, to make use of words; and then instances given of the mental propositions cease immediately to be barely mental and become verbal. For a mental proposition being nothing but a bare consideration of the ideas, as they are in our minds stripped of names, they lose the nature of pure mental propositions, as soon as they are put into words.* Zur Erläuterung § 4.

190) a. a. O. § 6. *When ideas are so put together or separated in the mind, as*

nach wahren, aber für die Erkenntniss unfruchtbaren Sätzen rechnet er erstlich alle identischen Sätze. Den Wahn, als ob durch identische Sätze etwas erkannt werde, vergleicht er mit der Erwartung eines Affen, der dadurch satt zu werden hofft, dass er eine Auster aus einer Pfote in die andere wirft.[191]) Sodann sind aber auch alle die Sätze unfruchtbar für die Erkenntniss, in denen ein oder mehrere Merkmale eines Begriffs von diesem selbst ausgesagt werden; wie namentlich in allen den Fällen geschieht, wo der Gattungsbegriff von einer Art prädicirt wird; ein Verfahren, welches nützlich sein mag, um einem Andern auseinanderzusetzen, was man bei einem bestimmten Begriffe denkt, welches aber die Erkenntniss selbst nicht im geringsten vermehrt.[192]) Ueberhaupt alles Denken, welches entweder ein Abstractum an die Stelle des andern setzt, und somit über den Inhalt des Begriffs, mit welchem man zu thun hat, nicht hinausführt, bewegt sich lediglich in Worten und ist leer an Erkenntniss, ein Satz, durch welchen Locke, obgleich er den Unterschied analytischer und synthetischer Urtheile nirgends ausdrücklich gelten macht, doch so hart an der Grenze der Einsicht, dass jede wirkliche Erweiterung der Erkenntniss auf synthetischen Urtheilen beruht, streift, dass eben nur die Bezeichnung solcher Urtheile als synthetischer fehlt.[193])

Enthalten alle Sätze, welche den Gattungsbegriff von der Art prädiciren, nicht eine Erweiterung und Vermehrung, sondern lediglich eine Auseinandersetzung oder Wiederholung dessen, was wir schon wissen, so ist es sehr natürlich, dass Locke die Frage aufwirft, in wie fern es möglich sei, allgemeine Sätze mit dem Anspruch auf Erkenntniss auf-

---

they or the things they stand for, do agree or not, that is, as I may call it, mental truth. But truth of words is something more, and that is the affirming or denying of words one of another, as the ideas they stand for agree or disagree. And this again is twofold, either purely verbal and trifling, or real and instructive. Vgl. § 8.

191) B. IV, ch. VIII, § 3.

192) a. a. O. § 4. *Another sort of trifling propositions is, when a part of the complex idea is predicated of the name of the whole. Such are all propositions wherein the genus is predicated of the species.* § 9. *Of this sort a man may find an infinite number of propositions, reasonings and conclusions in books of metaphysicks, school-divinity and some sort of natural philosophy; and after all, know as little of God, spirits or bodies, as he did before he set out.*

193) a. a. O. § 13. *This, I think, I may lay down for an infallible rule, that, whatever the distinct idea any word stands for, is not known and considered, and something, not contained in the idea, is not affirmed or denied of it, there our thoughts stick wholly in sounds and are able to attain no real truth or falshood.*

zustellen. Allgemeine Sätze sind ihm, wie allgemeine Begriffe, eine Abbreviatur des Denkens; indem sie eine Masse von Einzelnheiten umfassen, erweitern sie den Gesichtskreis, verkürzen den Weg der Forschung, und sind diejenige Form, in welcher sich das Denken vorzugsweise bewegt.[194]) Die Wahrheit eines allgemeinen Satzes hängt aber immer von der Kenntniss der Grenzen und des Wesens dessen ab, was in den Umfang der in ihm vorkommenden allgemeinen Begriffe fällt. Solche genaue Grenzbestimmungen sind nun allerdings möglich bei den einfachen Vorstellungen und den *modis;* denn bei ihnen fällt das nominelle und reelle Wesen zusammen, d. h. der Begriff ist bei ihnen die Sache selbst. Aber ganz anders verhält es sich bei allgemeinen Sätzen über die Dinge, diesen Complexionen von Merkmalen, denen wir ein unbekanntes Substratum, die Substanz, unterlegen. So lange wir nicht wissen, — und wir wissen es in der That nicht, — wie ursprünglich die sinnlichen Merkmale der Dinge bedingt sind, welches nothwendige Band sie unter einander verknüpft, ja, wie überhaupt die Körper in uns Empfindungen und Vorstellungen erwecken, können wir von ihnen keinen Satz mit dem Anspruch auf strenge Allgemeinheit aussprechen, zumal überdies der grösste Theil dessen, was wir den Dingen als beharrliche oder wechselnde Eigenschaft beilegen, auf äusseren zum Theil sehr entlegenen und unbekannten Bedingungen beruhen mag.[195]) Möglich, dass der Fleiss

---

194) B. IV, ch. V, § 10.

195) B. IV, ch. VI, § 4. *Because we cannot be certain of the truth of any general proposition, unless we know the precise bounds and extent of the species the terms stand for, it is necessary we should know the essence of each species, which is that which constitutes and bounds it. This, in all simple ideas or modes, is not hard to do. For in these the real and nominal essence being the same, or, which is all one, the abstract idea which the general term stands for, being the sole essence and boundary that is or can be supposed of the species, there can be no doubt, how far the species extends or what things are comprehended under each term. But in substances, wherein a real essence, distinct from the nominal, is supposed to constitute, determine and bound the species, the extent of the general word is very uncertain; because, not knowing this real essence, whe cannot know what is or is not of that species.* § 13. *All general knowledge lies only in our own thoughts and consists barely in the contemplation of our own abstract ideas. Wherever we perceive any agreement or disagreement anongst them, there we have general knowledge and by putting the names of those ideas together accordingly in propositions can with certainty pronounce general truths. But because the abstract ideas of substances, for which their specifick names stand, . . . have a discoverable connexion or inconsistency with but a very few other ideas, the certainty of universal propositions concerning substances*

und die Geschicklichkeit der Beobachtung durch scharfsinnige Verknüpfung der Phänomene auf Vermuthungen führt, welche die jetzige Erfahrung überschreiten; es werden das aber immer nur Vermuthungen bleiben, denen die strenge Gewissheit und Allgemeinheit fehlt. Diese bleibt beschränkt auf das Gebiet der Begriffe, die ohne den Anspruch das Wesen der Dinge zu bezeichnen nichts bedeuten als sich selbst, also, nach Locke's früheren Bestimmungen, die mathematischen und ethischen.[196])

Trotz des Gewichtes, welches Locke auf die Allgemeinheit der Erkenntniss innerhalb der Grenzen legt, in denen sie ihm als erreichbar erscheint, aber auch zugleich im Zusammenhange mit dem Satze, dass rücksichtlich der Erkenntniss der Wirklichkeit die Wahrheit des Allgemeinen auf der Wahrheit des durch dasselbe gedachten Besonderen beruht, ist er, theilweis nicht ohne eine gewisse Ironie über die Pedanterie der Schulphilosophie bemüht, die Unfruchtbarkeit oder wenigstens die Entbehrlichkeit der allgemeinen Formen und Formeln nachzuweisen, deren bewusstvolle Anwendung die wissenschaftliche Methodologie als ein unentbehrliches Hülfsmittel des Denkens geltend macht. Es gehören hierher die beiden Capitel über die Axiome und über den Syllogismus, als die angeblich nothwendigen Regulatoren und unentbehrlichen Formen des fortschreitenden Denkens.

Rücksichtlich der Axiome, die er gewöhnlich Maximen nennt, d. h. der unmittelbar gewissen und allgemeinen Sätze, welche für bestimmte Gebiete der Erkenntniss die unentbehrliche Grundlage darbieten sollen, fragt er zuvörderst, innerhalb welcher Gebiete sich dergleichen Sätze überhaupt nachweisen lassen. In Beziehung auf die Existenz, die Wirklichkeit der äusseren Dinge gibt es gar keine, rücksichtlich der Verknüpfung der Merkmale in den Dingen gibt es deren nur überaus wenige; alle oder wenigstens die meisten solcher unmittelbar gewisser Sätze beziehen sich auf Einerleiheit oder Verschiedenheit oder auf die Beziehungen der Begriffe.[197]) In beiderlei Rücksicht sind aber eigentlich alle Sätze gleich evident und unmittelbar gewiss, welche eine un-

---

is very narrow and scanty in that part, which is our principal enquiry concerning them. Vgl. die § 8—12 analysirten Beispiele.

196) a. a. O. § 13.

197) B. IV, ch. VII, § 5—7. Rücksichtlich der Verknüpfung der Merkmale in den Dingen ist Locke geneigt den Satz, dass zwei Körper nicht in demselben Raume zugleich sein können, für einen unmittelbar gewissen Satz zu halten.

mittelbare Entscheidung über das Verhältniss oder die Beziehung mehrerer Begriffe enthalten. Jeder Begriff ist, was er ist, und für Jeden, der einen bestimmten Begriff denkt, ist es unmittelbar gewiss, dass dieser Begriff dieser und nicht ein anderer ist. Die Sätze: ein Mensch ist kein Pferd, oder: wenn ich von den fünf Fingern jeder Hand zwei wegnehme, so bleiben an jeder Hand drei, sind eben so evident, als der Satz: es ist unmöglich, dass etwas zugleich sei und nicht sei, oder der: Gleiches zu Gleichem und Gleiches von Gleichem gibt Gleiches.[198]) Wenn nun die Schulphilosophie gewisse allgemeine Sätze, die sie wegen ihrer unmittelbaren Evidenz Axiome oder Maximen nennt, für die entweder der Zeit oder der Sache nach ersten Erkenntnisse und somit für die Grundlage des fortschreitenden Denkens erklärt, so ist das ein Irrthum. Einzelnvorstellungen sind früher, als allgemeine; das Kind weiss viel früher, dass die Ruthe kein Zucker ist, als es an den Satz des Widerspruchs denkt, und eben so wenig ist der Satz: das Ganze ist gleich der Gesammtheit seiner Theile, der Grund der Erkenntniss, dass $1 + 2 = 3$ ist; vielmehr nimmt ein Denken, welches sich des Inhaltes des Gedachten bewusst ist, in unzähligen Fällen das Verhältniss dieses Inhaltes unmittelbar wahr, ohne erst den Umweg durch die aus allgemeinen Begriffen gebildeten Sätze zu nehmen, welche man Axiome nennt.[199]) So wie aber diese Axiome keinen Beweis für spezielle an sich evidente

---

198) a. a. O. § 4. *Every one finds in himself, that he knows the ideas he has; that he knows also, when any one is in his understanding and what it is; and that, when more than one are there, he knows them distinctly and unconfusedly one from another. Which always being so (it being impossible but that he should perceive what he perceives), he can never be in doubt, when any idea is in his mind, that it is there and is that idea it is, and that two distinct ideas, when they are in his mind, are there and are not one and the same idea.* Die Beispiele § 6.

199) a. a. O. § 9. 10. *These magnified maxims are not the principles and foundations of all our other knowledge. For if there be a great many other truths which have as much selfevidence as they and a great many that we know before them, it is impossible they should be the principles from which we deduce all other truths. ... What idea soever is affirmed of itself or whatsoever two entire distinct ideas are denied one of another, the mind cannot but assent to such a proposition, as soon as it understand the terms, without regarding those made in more general terms and called maxims.* § 11; 1. 2. Vgl. IV, ch. XII, § 3. *These general rules are but the comparing our more general and abstract ideas, which are the workmanship of the mind, made .. for the easier dispatch in its reasonings and drawing into comprehensive terms and short rules its various and multiplied observations.*

Sätze und daher auch niemals die Begründung einer Erkenntniss enthalten, so sind sie auch untauglich zur Erweiterung der Erkenntniss und zur Entdeckung vorher unbekannter Wahrheiten. Die grossen Entdeckungen eines Newton sind nicht bedingt durch die Anwendung des Satzes der Identität und der arithmetischen und geometrischen Axiome, sondern durch die Auffindung der die Wahrheit der von ihm entdeckten Sätze vermittelnden Begriffe. Der Nutzen, den dergleichen allgemeine Sätze haben, besteht lediglich darin, dass sie ein Mittel theils der geordneten Mittheilung schon gewonnener Erkenntniss, theils der Widerlegung im Verkehr mit hartnäckigen Streitköpfen sind. Sind vollends die Begriffe falsch und unklar, kleben die Gedanken an den Worten, statt bestimmte Vorstellungen zu bezeichnen, so werden dergleichen mit axiomatischer Gewissheit ausgesprochne Allgemeinheiten geradezu eine Stütze von Irrthümern, wie Locke z. B. an der cartesianischen Gleichsetzung der Begriffe des Raums und des Körpers weitläuftig auseinandergesetzt.[200])

Ganz in ähnlicher Weise spricht er über den Nutzen, welchen die bewusstvolle Anwendung des syllogistischen Formalismus für die Sicherheit und den Fortschritt der Erkenntniss habe. Bei den engen Grenzen, an welche die sinnliche Empfindung und die unmittelbaren Entscheidungen über das Verhältniss der Empfindungen gebunden sind, beruht der grösste Theil der Erkenntniss auf Deductionen und Schlüssen, also auf Vermittelungen des Denkens.[201]) Diese Thätigkeit des Subsumirens und Schliessens legt er einem besondern Vermögen, der Vernunft (*reason*) bei und ihre Functionen bestehen erstlich in der Auffindung der vermittelnden Begriffe (*sagacity*), zweitens in der Anordnung derselben, um ihren Zusammenhang übersehen zu können, drittens in der Wahrnehmung dieses Zusammenhanges, endlich viertens in der Ableitung des Schlusssatzes.[202]) Erkläre man nun den Syllogismus für das grosse Werkzeug der Vernunft und für den sichersten Wegweiser in der Ausübung dieses Vermögens, so sei zuvörderst deutlich, dass der Syllogismus eigentlich nur die Verknüpfung der vermittelnden Glieder des Beweises vor Augen legt und dass diese Verknüpfung in jedem einzelnen

200) B. IV, ch. VII, § 11. 12 fgg.

201) B. IV, ch. XVII, § 2. *Sense and intuition reach but a very little way. The greatest part of our knowledge depends upon deductions and intermediate ideas.*

202) a. a. O. § 3.

Falle eben so gut ohne die Hülfe der syllogistischen Regeln wahrgenommen werden kann als mit ihr, man müsste denn annehmen, dass Niemand ohne das Bewusstsein jener Regeln einen richtigen Schluss machen könne, wobei es nur unbegreiflich sein würde, wie Aristoteles selbst jene Regeln und Formen habe entdecken können.[203]) Die Anordnung der vermittelnden Begriffe, die der Syllogismus nicht finden lehrt, hänge von dem Inhalt der Begriffe selbst ab und die syllogistische Form könne der Einsicht in die Verhältnisse der Begriffe nichts hinzufügen.[204]) Allerdings lasse sich jede Schlussfolge in syllogistischer Form darstellen, und Leute, die daran gewöhnt sind, mögen dies thun; aber, gänzlich unfähig unsere Erkenntniss zu erweitern, sei der Syllogismus im besten Falle nichts als die Kunst, die Erkenntniss, die man schon hat, geltend zu machen.[205])

Diese Erörterungen Locke's über die Entbehrlichkeit und den geringen Werth der syllogistischen Formeln berühren keineswegs seine Ueberzeugung von der Allgemeingültigkeit und Nothwendigkeit des demonstrativen Wissens, sondern sie lehnen für ein auf dasselbe gerichtetes

---

203) a. a. O. § 4. *God has not been so sparing to men to make them barely two-legged creatures and left it to Aristotle to make them rational i. e. those few of them that he could get so to examine the grounds of syllogisms, as to see, that in above threescore ways that three propositions may be laid together, there are but about fourteen, wherein one may be sure that the conclusion is certain and in the other not. ... I say not this any way to lessen Aristotle And I readily own, that all right reasoning may be reduced to his forms of syllogism. But yet I think without any diminution to him, I may truly say, that they are not the only, nor the best way of reasoning And he himself, it is plain, found out some forms to be conclusive and others not; not by the forms themselves, but by the original way of knowledge i. e. by the visible agreement of ideas.*

204) a. a. O. (p. 293.) *The natural order of the connecting the ideas must direct the order of the syllogisms and a man must see the connexion of each intermediate idea with those that it connect, before he can with reason make use of it in syllogism.*

205) a. a. O. (p. 298.) *If men skilled in and used to syllogisms find them assisting to their reason in the discovery of truth, I think they ought to make use of them. All that I aim at is, that they should not ascribe more to these forms than belongs to them. § 6. The rules of syllogism serve not to furnish the mind with those intermediate ideas that may shew the connexion of remote ones. Syllogism, at best, is but the art of fencing with the little knowledge we have, without making any addition to it.* — Der allgemeinen Beurtheilung des Werths der syllogistischen Formen gegenüber ist die Bemerkung, welche Locke über die gewöhnlich angenommene Stellung der Begriffe im Syllogismus macht, so wie die Bestreitung des Satzes, dass in jedem Syllogismus wenigstens eine allgemeine Prämisse vorkommen müsse (§ 8), nur von untergeordneter Bedeutung.

Denken nur die Nothwendigkeit ab, seine Operationen an das Bewusstsein jener Regeln und Formeln zu knüpfen. Nicht diese logischen Regeln und Formeln geben den Gedankenverbindungen ihre Nothwendigkeit und Allgemeingültigkeit, sondern der Inhalt und die Beziehungen des Gedachten selbst. Aber der Umfang des demonstrativen Wissens und seiner Grundlage, des intuitiven, ist sehr gering; die Lage des Menschen würde namentlich rücksichtlich seiner praktischen Bedürfnisse sehr hülflos sein, wenn er sich in seinem Fürwahrhalten und seinen Entschliessungen lediglich hieran halten sollte, und so unterlässt Locke nicht, auch noch die Arten des Fürwahrhaltens ins Auge zu fassen, welche nicht unter den Begriff des unmittelbaren intuitiven und des strengen demonstrativen Wissens fallen, und nimmt davon Gelegenheit, am Schlusse des ganzen Werks das Verhältniss des prüfenden Denkens zum religiösen Glauben näher zu bestimmen.

Den Ersatz des Mangels an strengem Wissen bildet im Allgemeinen das Urtheil nach Wahrscheinlichkeit, ein Fürwahrhalten aus Gründen, die, wie Locke sagt, nicht unveränderlich oder als solche der Erkenntniss zugänglich sind, sondern nur in den meisten Fällen uns ausreichend erscheinen.[206]) Darauf gründet sich der Unterschied zwischen Wissen und Glauben, und die Grade der Wahrscheinlichkeit, so wie des damit verbundenen Fürwahrhaltens richten sich nach der Sicherheit der Beobachtung, der häufigen Wiederholung der Erfahrung, der Zahl und der Glaubwürdigkeit der Zeugen.[207]) Für Meinungen über Dinge die nicht durch Erfahrung und Zeugniss constatirt werden können, erklärt Locke die Analogie als das Mittel einer wahrscheinlichen Erkenntniss, ohne auf die Bedingungen und Grenzen des Schlusses nach Analogie näher einzugehen; den Schluss nach Induction zergliedert er nirgends ausführ-

---

206) B. IV, ch. XIV, § 3. *The faculty which God has given man to supply the want of clear and certain knowledge, is* j u d g m e n t; *whereby the mind takes its ideas to agree or disagree, or, which is the same, any proposition to be true or false, without perceiving a demonstrative evidence in the proofs.* § 4. *Judgment is the putting ideas together or separating them from one another in the mind, when their certain agreement or disagreement is not perceived, but presumed to be so.* ch. XV, § 1. *Probability is nothing but the appearance of such an agreement or disagreement, by the intervention of proofs, whose connexion is not constant and immutable or at least is not perceived to be so, but is or appears for the most part to be so and is enough to induce the mind to* j u d g e *the proposition to be true or false rather than the contrary.* Vgl. ch. XVII, § 17.

207) B. IV, ch. XIV, § 6.

lich, wie überhaupt nirgends in seinem Werke Erörterungen vorkommen, die auf einen besonderen Einfluss der Lehre Baco's von Verulam auf ihn schliessen lassen.[208]) Dagegen könnte es auffallen, dass er die durch die Offenbarung beglaubigten Wunder ausdrücklich von den Fällen ausnimmt, wo eine der Erfahrung zuwiderlaufende Behauptung die Kraft des Zeugnisses aufhebe,[209]) wenn nicht seine Bestimmung des Verhältnisses zwischen Vernunft und Glauben sehr deutlich lehrte, wie wenig er geneigt war, die Rechte des prüfenden Denkens einer äusseren Autorität gegenüber aufzuopfern.

Unter dem Glauben, im Unterschiede oder, wenn man so will, im Gegensatze zur Vernunft versteht Locke die Zustimmung zu Sätzen, welche ohne einen durch die natürlichen Erkenntnisskräfte aus dem Inhalte der Begriffe abgeleiteten Beweis, sich auf die Glaubwürdigkeit dessen stützt, der dergleichen Sätze durch ausserordentliche Mittheilung von Gott erhalten zu haben versichert. Eine solche Mittheilung heisst Offenbarung, und zwar eine ursprüngliche, während die Mittheilung ihres Inhalts durch den, der sie zuerst empfangen hat, eine überlieferte Offenbarung sein würde.[210]) Eine ursprüngliche Offenbarung vorausgesetzt, bemerkt nun Locke zuvörderst, kann der, welchem sie geworden ist, anderen Menschen durchaus keine einfache Vorstellung mittheilen, die ihnen nicht vorher durch Sensation oder Reflexion bekannt gewesen wäre. Denn jede Art der Mittheilung müsste sich bestimmter Zeichen bedienen; durch Zeichen aber ist es nur möglich, Vorstellungen mitzutheilen, die schon vorher bekannt waren. Es lässt sich ferner zwar die Möglichkeit denken, dass die nämlichen Wahrheiten, welche wir

---

208) B. IV, ch. XVI, § 12. — Für das Verhältniss zwischen Locke und Bacon ist geradezu entscheidend, dass während dieser das Wissen auf Induction gründet oder wenigstens beschränkt, jener ein lediglich auf eine Masse beobachteter Fälle beruhendes Fürwahrhalten von dem Begriffe des Wissens ausschliesst und in das Gebiet der blossen Wahrscheinlichkeit verweist.

209) a. a. O. § 13. 14.

210) B. IV, ch. XVIII, § 2. *Reason, as contradistinguished to faith, I take to be the discovery of the certainty or probability of such propositions or truths, which the mind arrives at by deduction made from such ideas which it has got by the use of its natural faculties. Faith is the assent to any proposition not thus made out by the deduction of reason, but upon the credit of the proposer, as coming from God, in some extraordinary way of communication. This way of discovering tradition to men is called revelation.*

durch vernünftiges Denken erreichen können, durch Offenbarung mitgetheilt werden. Aber in diesem Falle würde die letztere weder nothwendig, noch sonderlich nützlich sein, weil uns unabhängig von ihr Mittel zu Gebote stehen würden, diese Erkenntnisse zu erlangen und eine durch eigenes Denken gewonnene Erkenntniss besser begründet ist, als ein Fürwahrhalten, welches sich lediglich auf das Factum der Offenbarung stützt. Dies gilt nicht blos von der Demonstration z. B. eines geometrischen Lehrsatzes, sondern selbst von äusseren Thatsachen; wie z. B. der, welcher die Sündfluth miterlebt hätte, eine grössere Zuversicht über dieses Factum haben würde, als der sie aus der Bibel kennen lernt.[211])

Eben desshalb kann auch der Anspruch, mit welchem ein geoffenbarter Satz auftritt, den denkenden Menschen nicht dazu bringen, etwas für wahr zu halten, was evidenten Sätzen zuwiderläuft. Man wird einen solchen Satz nicht für geoffenbart halten können und zwar desshalb, weil, ob der fragliche Satz wirklich von Gott mitgetheilt ist und ob der, welchem er mitgetheilt ist, ihn richtig verstanden habe, immer einem möglichen Zweifel ausgesetzt bleibt, während ein wirklich evidenter Satz eben dadurch evident ist, dass er den Zweifel ausschliesst.[212]) Dies gilt sogar für den unmittelbaren Empfänger der Offenbarung, wie viel mehr da, wo es sich um eine überlieferte Offenbarung handelt. Um die Frage zu entscheiden, ob ein bestimmtes Buch, welches mit dem Anspruch auftritt, geoffenbarte Sätze zu enthalten, wirklich geoffenbart sei, bedürfte es einer diese Behauptung des Geoffenbartseins bestätigenden zweiten Offenbarung. In allen den Fällen also, wo wir durch unser

---

211) a. a. O. § 3. 4. *The knowledge we have that this revelation came at first from God, can never be so sure as the knowledge we have from the clear and distinct perception of the agreement or disagreement of our own ideas. The like holds in matter of fact, knowable by our senses.*

212) a. a. O. § 5. *We can never assent to a proposition, that affirms the same body is in two distant places at once, however it should pretend to the authority of a divine revelation, since the evidence, first, that we deceive not ourselves in ascribing it to God, secondly, that we understand it right, can never be so great, as the evidence of our own intuitive knowledge ... And therefore no proposition can be received for divine revelation or obtain the assent due to all such, if it be contradictory to our clear intuitive knowledge; because this would be to subvert the principles and foundations of all knowledge, evidence and assent whatsoever. And there would be left no difference between truth and falshood, no measures of credible and incredible in the world* u. s. w. Vgl. § 8.

eigenes Denken ein evidentes Wissen erlangen können, ist die Vernunft der competente Richter; die Offenbarung kann ihre Entscheidungen bestätigen, aber ihre Gesetze nicht aufheben.[213]) Als der einzige Gegenstand des Offenbarungsglaubens bleiben daher nur Sätze übrig, über welche wir entweder keinerlei Erkenntnissquelle haben, welche also die Vernunft übersteigen, oder rücksichtlich deren uns nicht vollkommen entscheidende Gründe des Fürwahrhaltens zu Gebote stehen.[214]) Alles, was Gott wirklich geoffenbart hat, ist wahr und gewiss, daran ist kein Zweifel; aber ob das, was als geoffenbart hingestellt wird, wirklich eine Offenbarung ist oder nicht, das hat die Vernunft zu beurtheilen, und namentlich bei einer überlieferten Offenbarung wird sie nichts für offenbart halten können, was ihren an sich selbst klaren und evidenten Erkenntnissen widerstreitet. Wolle man diese Grenzbestimmung zwischen Vernunft und Glauben nicht zulassen, so werde man sich gefallen lassen müssen, dass die Religion der Vernunft gänzlich entbehre, und sich jedes Rechtes begeben, gegen die ausschweifendsten religiösen Meinungen und Ceremonien Einspruch zu thun.[215]) Dass endlich jeder, der mit dem Anspruch auftritt, dass ihm eine Offenbarung von Gott zu Theil geworden sei, und sich dabei auf ein inneres Licht, auf die Wirkung des Geistes in ihm u. s. w. beruft, sich die Frage gefallen lassen müsse, ob er nicht eine schwärmerische Selbsttäuschung für eine ihm gewordene Offenbarung halte, hätte Locke nach dem im 18. Capitel Vorgetragenen kaum nöthig gehabt so ausführlich auseinanderzusetzen, als er im 19. Capitel thut.

---

213) a. a. O. § 6. *In all things, where we have clear evidence from our ideas and those principles of knowledge I have above mentioned, reason is the proper judge, and revelation, though it may in consenting with it confirm its dictates, yet cannot in such cases invalidate its decrees.*

214) a. a. O. § 7. *There being many things, wherein we have very imperfect notions or none at all, and other things, of whose past, present, or future existence by the natural use of our faculties we can have no knowledge at all, these as being beyond the discovery of our natural faculties and above reason, are, when revealed, the proper matter of faith.* Vgl. § 9. § 10. *Nothing that is contrary to and inconsistent with the clear and self-evident dictates of reason has a right to be urged or assented to as a matter of faith, wherein reason hath nothing to do.* Die Vernunft nennt Locke eine natürliche Offenbarung, welche die historische Offenbarung überschreitet, aber nicht widerlegen kann. B. IV, ch. XIX, § 4.

215) a. a. O. § 11.

VII.

Ein zusammenfassender Ueberblick über das Ganze der Lehren Locke's dürfte nun in der That durchaus nicht das Urtheil rechtfertigen, dass seine Ansicht von dem menschlichen Wissen den empiristischen Charakter hat, durch den man sie gewöhnlich ausreichend bezeichnen zu können glaubt. Freilich behauptet er, dass alle unsere Vorstellungen in letzter Instanz rücksichtlich ihrer Elemente auf die Erfahrung zurückgeführt werden müssen, aber gleichwohl wäre es nicht richtig, seinen Satz: wovon wir keine Vorstellung haben, davon ist auch keine Erkenntniss möglich, in den Satz zu verwandeln: wovon wir keine Erfahrung haben, davon haben wir keine Vorstellung. Denn jene Ableitung der Vorstellungen aus der Erfahrung ist für ihn erstlich nicht auf die äussere sinnliche Erfahrung beschränkt, sondern die innere Wahrnehmung der Veränderungen, welche die geistige Thätigkeit mit dem sinnlichen Erfahrungsstoffe vornimmt, und der Rückschluss auf die verschiedenen Arten dieser Thätigkeit, somit auch die diesen Thätigkeiten vorauszusetzende verschiedenartige Befähigung, kraft deren in dem Unterscheiden, Vergleichen, Abstrahiren, Combiniren, Folgern u. s. w eine unbestimmte Mannigfaltigkeit von der äusseren Erfahrung veranlasster, aber in dem äusseren Erfahrungsstoffe nicht unmittelbar mitgegebener Vorstellungsgebilde zu Stande kommt, fällt für ihn eben so in das Gebiet der erfahrungsmässig gegebenen Thatsachen, als die sinnliche Empfindung der Eigenschaften, durch die sich uns die Dinge verrathen. Den Unterschied zwischen Receptivität und Spontaneität, die Kant — und zwar lediglich als Ausdruck einer Thatsache — dem menschlichen Geiste beilegt, kann Locke, wenn auch nicht ganz im Sinne Kant's, ebenfalls für sich in Anspruch nehmen. Zweitens aber bezeichnet diese Berufung auf äussere und innere Erfahrung bei Locke nur den Anfang, den Ausgangspunkt nicht sowohl unseres Erkennens, als vielmehr lediglich unseres Vorstellens und Denkens; und nur in dieser Beziehung hat die Frage, ob ein Denken, welches in gar keinem nachweisbaren Zusammenhange mit dem erfahrungsmässig Gegebenen stände, einen Anspruch auf Erkenntniss habe, an dieser Stelle für ihn gar keine Bedeutung; denn ursprünglich gibt es kein solches Denken.

Was aber viel wichtiger ist, als diese beiden Punkte, — die von Locke behauptete Unmöglichkeit, den Vorstellungen und Gedanken einen andern Ursprung als einen empirischen zuzuschreiben, ist für ihn nirgends der entscheidende Gesichtspunkt, wo es sich darum handelt, den Gehalt der Erkenntniss zu bestimmen. Bestimmt man das wesentliche Merkmal des Empirismus dahin, dass er die natürlichen Producte der passiven und activen Bewegung der Vorstellungen und Gedanken, also die unwillkührlich durch den Verkehr mit der Aussenwelt und die inneren, zum grossen Theile unwillkührlichen Thätigkeiten entstandene Weltansicht für wahr, für übereinstimmend mit der Beschaffenheit der dadurch vorgestellten Dinge hält, so sind die Resultate, zu welchen Locke gelangt, das gerade Gegentheil des Empirismus, indem sie entweder das Verhältniss der Vorstellungen zu dem Vorgestellten unbestimmt lassen, oder es in der nachdrücklichsten Weise aussprechen, dass der empirisch überkommene Vorstellungskreis keinen Anspruch auf Wahrheit in diesem Sinne hat, oder endlich darauf hinweisen, dass diejenige Formation, Verknüpfung und Erweiterung des Gedankenkreises, welche auf den Namen des Wissens Anspruch machen kann, von der Erfahrung insofern ganz unabhängig ist, als der Beweis ihrer unerschütterlichen Gewissheit durchaus nicht auf den Nachweis weder ihres Ursprungs aus der Erfahrung, noch ihrer Uebereinstimmung mit der Erfahrung gegründet ist.

Rücksichtlich des ersten Punktes muss an die Art erinnert werden, wie Locke sich über die Existenz der Aussenwelt und das Verhältniss unserer Vorstellungen zu der Qualität der Dinge äussert. Er macht keinen Anspruch darauf die Existenz der äusseren Dinge beweisen zu können; aber die Zuversicht, mit welcher wir die sich uns ganz unwillkührlich aufdringenden Sinnesempfindungen sammt den eben so unwillkührlichen Gefühlen der Lust und des Schmerzes, die sie in uns hervorrufen, nicht als lediglich von dem wahrnehmenden Subject, sondern von den Objecten verursacht ansehen, ist für ihn gross genug, um sich des Streits mit einem Skepticismus zu begeben, der entschlossen wäre, die ganze Welt der sinnlichen Wirklichkeit für einen Traum zu erklären (vgl. oben S. 174). Rücksichtlich des ursachlichen Verkehrs zwischen den Dingen und dem empfindenden Subject bescheidet er sich ebenfalls, keine strenge Theorie aufstellen zu können; er hält die Art, wie die Cartesianische Schule dieses Verhältniss zu erklären suchte, für eine wahrscheinliche Hypothese, aber das Wesen der Seele erklärt er für gänzlich unbekannt. Eine gewisse Hinneigung zu den Voraussetzungen der damals herrschenden mechanischen Naturphilosophie verführt ihn, Ausdehnung, Undurchdringlichkeit, Gestalt und Beweglichkeit als den körperlichen Dingen an sich zukommende Urqualitäten beizulegen; aber er hat die vollkommen klare Einsicht, dass, was wir sonst als sinnlich wahrnehmbare Eigenschaften den Dingen zuschreiben, nicht das Was derselben, sondern nur ihr Verhältniss zu dem wahrnehmbaren Subject bezeichnet; unsere sinnlichen Vorstellungen sind keine Abbildungen der Eigenschaften der Dinge, obwohl sie ihren Kräften und Veränderungen proportional sind.

Lehrt uns mithin die sinnliche Empfindung über das Wesen der Dinge nichts, so gilt dies in gleichem Grade von den Begriffen, von den Kategorieen, unter welche das Denken die Dinge und Ereignisse subsumirt. Die Metaphysik hatte seit Aristoteles dadurch ein Wissen über die Dinge gewinnen zu können geglaubt, dass sie die Vorstellungsarten der natürlichen Weltauffassung in logische Abstracta verwandelte; und diese genügsame Voraussetzung zerstört Locke. Nicht in so fern, als ob er durch eine genaue psychologische Nachweisung, wie die die gewöhnliche Weltansicht beherrschenden Begriffe der Substanzialität und Causalität entstehen, ihre Unangemessenheit an den wahren Sachverhalt vor Augen gelegt hätte; eine solche Nachweisung ist abgesehen von den Schwierigkeiten der Psychologie ohnedies ohne ein anderweit schon gewonnenes metaphysisches Wissen nicht möglich; auch nicht in so fern, dass er in der gegebenen Beschaffenheit dieser Vorstellungsarten das Motiv eines fortschreitenden, auf ihre Umbildung und Berichtigung gerichteten Denkens gefunden oder auch nur gesucht hätte; sondern dadurch, dass er die breite Kluft des Nichtwissens aufdeckt, welche die Begriffe der Substanz und der Kraft zwar einem kritiklosen Denken verdecken, aber nicht ausfüllen. Sein grosses Verdienst liegt viel weniger auf dem Gebiete der Psychologie, — leistet er doch auf eine Theorie des geistigen Lebens geradezu Verzicht und seine psychologischen Erörterungen sind durchaus fragmentarisch, — als vielmehr auf dem der Metaphysik; seine allgemeine Ansicht, dass unsere Vorstellungen durch die Erfahrung entstehen, verfolgt er nirgends in das Specielle der Entstehung bestimmter Vorstellungen; aber er unterwirft die wichtigsten von den Begriffen, die, welches auch ihr Ursprung sein möge, mit dem Anspruch auf Erkenntniss der Dinge auftreten, einer prüfenden Kritik. Er ist fast unermüdlich in der Nachweisung, dass die natürliche, und von der Schulphilosophie zu einem Lehrsatze erhobene Voraussetzung der Substanz, des Dings mit mehreren Merkmalen, sammt der Verknüpfung der Merkmale unter sich und mit der Substanz weder über das Wesen des Einen (der Substanz), noch über das Band zwischen dem Einen und dem Vielen (den Accidenzen) einerseits, noch über das zwischen den letzteren unter einander den allergeringsten Aufschluss gibt, und dass die Dinge, insofern wir sie durch diese Begriffe auffassen, vollkommen eben so unbekannt bleiben, als wenn wir sie ohne diese Begriffe auffassten. Die Unbrauchbarkeit des überkommenen Begriffs der Kraft und des Vermögens legt er nicht mit derselben Ausführlichkeit vor Augen; aber wenn er die Veranlassung, von activen Kräften zu sprechen, nicht in dem Verkehr mit der Aussenwelt, sondern in der Wahrnehmung unserer eigenen inneren Thätigkeit findet und doch zugleich das Wesen der Seele für unbekannt erklärt, so liegt darin ein ausreichender Grund, den Gebrauch dieser Begriffe für einen Nothbehelf zu erklären, dessen wir nicht entbehren können, um die Beziehungen der Dinge zu bezeichnen, ohne dass wir dadurch einen Aufschluss über die innere Natur dieses Verhältnisses gewinnen. Die Beschränktheit Locke's liegt darin, dass er nirgends einen Versuch macht, auf dem Wege eines nothwendigen Denkens die Grenzen des einmal vorhandenen Gedankenkreises zu überschreiten; und es kann dahin gestellt bleiben, ob der Grund davon darin liegt, dass er dies, ähnlich wie Kant, auf theoretischem Wege für unmöglich hält, oder darin, dass er nirgends einen Versuch macht, die Lücken unseres Wissen in bestimmten Problemen zu formuliren, in denen möglicherweise die Motive ihrer Lösung gefunden werden könnten; aber wenn er an die Stelle der Metaphysik die bescheidenere Aufgabe der Naturforschung setzt, so hat er, trotz der Einsicht, dass die Erweiterung und Berichtigung, die die menschliche Erkenntniss von ihr zu erwarten hat, nicht eigentlich auf demonstrative Gewissheit, sondern nur auf allmählig wachsende Wahrscheinlichkeit eine Aussicht eröffnet, dadurch wirklich den Weg bezeichnet, auf welchem seit seiner Zeit thatsächlich grosse Erfolge und zwar ohne Mitwirkung eines Einverständnisses über die Fragen der Metaphysik erreicht worden sind.

Trotz dieser Verzichtleistung auf ein eigentlich metaphysisches Wissen gibt es dennoch für Locke ein Gebiet, innerhalb dessen ein nothwendiges und allgemeingültiges Wissen allerdings möglich ist; aber es liegt nicht in der Beziehung der Begriffe auf die Dinge, sondern in den Beziehungen der Begriffe auf einander. Es gibt eine Nothwendigkeit des Denkens, eine Abhängigkeit der Begriffs- und Gedankenverknüpfungen, bei welcher der Geist nicht mit den Dingen, sondern lediglich mit den Begriffen beschäftigt ist, dergestalt dass die Begriffe sich nicht nach den Dingen, sondern diese, in sofern sie Object einer Erkenntniss durch Begriffe werden, sich nach den Begriffen richten. (Vgl. S. 180.) Die beiden Wissenschaften, welche demgemäss einen streng demonstrativen Charakter entweder haben, oder dessen fähig sind, sind die Mathematik und die Moral. Dass die Mathematik, obgleich die Vorstellungen des Raums und der Zahl mit der Auffassung der uns umgebenden Welt unauflöslich verwebt sind, ihren Erkenntnissgründen nach von der Erfahrung unabhängig ist, dass sie, indem sie den Verhältnissen der Zahl- und Raumgrössen nachgeht, ein Wissen erreicht, dessen Gültigkeit und Nothwendigkeit nicht daran gemessen werden kann, ob die Objecte ihrer Constructionen existieren, und dass dieses Wissen, weil die Bedeutung der Begriffe, die Qualität des Gedachten und die in ihr begründeten Folgerungen eben so unabhängig von dem Belieben des Denkenden, als von der Existenz der Objecte sind, eine strenge Allgemeingültigkeit hat, — diese Einsicht bildet einen eben so wesentlichen Bestandtheil der Lehre Locke's als seine Ansicht von der Art, wie der Mensch zu seinen Vorstellungen gelangt. Einen gleichen demonstrativen Charakter legt er auch der Moral bei, indem das Lob und der Tadel, die sich im moralischen Urtheil aussprechen, sich lediglich an die Vorstellung gewisser Willensbestimmungen und Handlungen knüpfen und die Angemessenheit oder Unangemessenheit der Handlungen an die in jenen Urtheilen liegende Regel lediglich der Vergleichung der Handlung mit der gedachten Regel bedarf, um in ihr ihr Maass zu finden.

Diese Grenzbestimmung zwischen dem Gebiete des Nichtwissens und des Wissens ist nun in der That ganz unabhängig von der Frage nach dem Ursprunge der Vorstellungen; auch beruft sich dabei Locke nirgends auf eine besondere Einrichtung des menschlichen Geistes, ausser insofern, als einer Intelligenz, welche unfähig wäre, sich des Inhalts ihrer Vorstellungen bewusst zu werden, sie zu unterscheiden und zu vergleichen, jegliche Erkenntniss überhaupt verschlossen sein würde; sondern der letzte Stützpunkt des Erkennens ist für Locke der Inhalt des Gedachten selbst und die Nothwendigkeit des logischen

Denkens. Wenn er gleichwohl den Satz der Identität und des Widerspruchs, eben so wie die Axiome der Arithmetik und Geometrie in der Form einer abstracten Allgemeinheit, in welcher sie an die Spitze dieser Disciplinen gestellt zu werden pflegen, nicht für falsch, sondern für entbehrlich hält; so geschieht dies desshalb, weil er zeigen zu können glaubt, dass ein Denken, welches sich in den Verknüpfungen der Gedanken durch den Inhalt des Gedachten selbst bestimmen lässt, nicht nöthig habe, den Umweg durch diese allgemeinen Formeln zu nehmen, sondern durch die Vergleichung und Beziehung der Begriffe selbst in jedem einzelnen Falle zu der Anerkennung der darin liegenden Consequenzen sich genöthigt finde. Die psychologische Frage nach dem Ursprung der Begriffe ist für diese Endentscheidung über das Gebiet, in welchem es ein nicht seinen Veranlassungen, sondern seinem Gehalte nach von der Erfahrung unabhängiges Wissen gebe, vollkommen irrelevant; der Ursprung der Begriffe entscheidet ihm nichts über Richtigkeit und Unrichtigkeit der Sätze, in denen ein wirkliches oder eingebildetes Wissen sich ausspricht.

Die allgemeinsten Umrisse der Locke'schen Lehre dürften sich demgemäss in folgenden Sätzen aussprechen lassen. Der Mensch ist mit seinen Vorstellungen, Begriffen, Gefühlen u. s. w. sich selbst ein unmittelbar Gegebenes; aber ohne die äussere Erfahrung würde es kein Vorstellungsbild der Aussenwelt für ihn geben und die Gewalt, mit welcher die sinnlichen Empfindungen sich uns aufdringen, ist stark genug, um die Voraussetzung der Wirklichkeit der diese Empfindungen irgendwie verursachenden Dinge gegen einen Skepticismus aufrecht zu erhalten, der Alles nur für einen Traum zu erklären geneigt wäre. Aber es gibt keine Metaphysik als eine allgemeingültige und nothwendige Erkenntniss des Wesens der Dinge; die Proportionalität, welche zwischen den Empfindungen und den Qualitäten der Dinge stattfinden muss, gibt keinen Aufschluss über diese Qualität selbst; die Naturforschung ist auf fortschreitende Erfahrung angewiesen, um in der erweiterten und genaueren Auffassung des empirischen Materials Anknüpfungspunkte für mehr oder weniger wahrscheinliche Hypothesen zu finden. Das Gebiet des reinen und strengen Wissens eröffnet sich erst da, wo das Denken mit seinem eigenen Inhalt beschäftigt von Gedankenbestimmungen zu Gedankenbestimmungen so fortschreitet, wie es der Inhalt des Gedachten selbst gestattet oder fordert. So verwandelt sich für Locke im Verlaufe der Untersuchung die Kritik des Erkenntnissvermögens in eine Kritik der Erkenntniss d. h. der Begriffe, die mit dem Anspruch auf sie gedacht werden, deren entscheidender Schwerpunkt nicht in seinen psychologischen Annahmen, sondern in der Anerkennung der logischen Gesetzmässigkeit liegt.

VIII.

Die Untersuchungen Locke's hatten die Aufmerksamkeit Leibniz's nicht erst zu der Zeit auf sich gezogen, wo dieser seine *nouveaux essais sur l'entendement humain* schrieb, sondern schon im J. 1696 hatte er eine Reihe von kurzen Bemerkungen unter der Aufschrift: *réflexions sur l'essai de l'entendement humain de Mr. Locke* an diesen in der Absicht geschickt, dass dieser Aufsatz der französischen Uebersetzung des Locke'schen Werkes beigefügt werden sollte; und da dies nicht geschah, so wurde er erst 1708 ohne Leibniz's Willen mit den nachgelassenen Briefen Locke's veröffentlicht. Leibniz hatte hier anerkannt, dass die Untersuchung über die menschliche Erkenntniss von der grössten Wichtigkeit, ja der Schlüssel aller übrigen sei,[216]) und sogleich hinzugefügt, dass es nach seiner Ansicht keine andern Erkenntnissprincipien gebe, als die Erfahrung und den Satz der Identität und des Widerspruchs;[217]) dass aber eben desshalb die Beantwortung der Frage, ob es angeborne Vorstellungen gebe oder nicht, weder für den Anfang noch für die weiteren Fortschritte des erkennenden Denkens von entscheidender Wichtigkeit sei, weil die Gesetzmässigkeit des Schliessens sich nicht ändere, möge man die Frage bejahen oder verneinen; überhaupt sei die Frage nach dem Ursprunge der Vorstellungen gar keine Präliminarfrage für die Philosophie; man müsse vielmehr schon bedeutende Fortschritte in derselben gemacht haben, um sie beantworten zu können.[218]) Während diese

216) Leibnizii *opera philosophica ed. Erdmann p. 136a. De toutes les recherches il n'y a point de plus importante, puisque c'est la clef de toutes les autres.*

217) a. a. O. *p. 136b. Mon opinion est donc qu'on ne doit rien prendre pour principe primitif, si non les experiences et l'axiome de l'identicité ou ce qui est la même chose, de la contradiction, qui est primitif, puisqu' autrement il n'y aurait point de difference entre la verité et la fausseté.*

218) a. a. O. *p. 137a. Pour ce qui est de la question, s'il y a des idées et des vérités créées avec nous, je ne trouve point absolument nécessaire pour les commencemens,*

Sätze den psychologischen Vorbau, welchen Locke seiner Lehre von den Grundlagen und den Grenzen der menschlichen Erkenntniss gegeben hatte, für überflüssig erklären, in der Sache selbst aber eben dasselbe aussprechen, was Locke will, stellt sich der *avant-propos* zu den *nouveaux essais sur l'entendement humain* auf einen davon verschiedenen Standpunkt. Es handle sich zuvörderst darum, ob die Seele eine leere Tafel sei, so dass Alles, was von ihr vorgestellt werde, von den Sinnen und der Erfahrung komme, oder ob sie ursprünglich die Principien einer Mehrzahl von Begriffen und Sätzen enthalte, welche die äusseren Objecte nur gelegentlich zum Bewusstsein bringen. Und hiervon hänge die Beantwortung der andern Frage ab, ob alle Wahrheit sich nur auf Erfahrung, also auf Induction und Beispiele gründe, oder ob es noch eine andere Grundlage derselben gebe. Die sinnliche Wahrnehmung sei unentbehrlich für alle wirkliche Erkenntniss; aber sie gebe immer nur einzelne Fälle, es fehle ihr die Nothwendigkeit und es scheine daher, dass nothwendige Wahrheiten, wie sie die Mathematik enthalte, auf Principien ruhen müssen, deren Beweis nicht von der Erfahrung und nicht von dem Zeugnisse der Sinne abhänge.[219]) Während also Leibniz in dem früheren Aufsatze die Entscheidung über Wahrheit und Irrthum von der Ansicht über den Ursprung der Vorstellungen für unabhängig erklärt hatte, weist er hier auf einen Zusammenhang beider Untersuchungen hin. Indessen setzt er doch sogleich hinzu, dass sich vielleicht Locke's Ansicht von der seinigen nicht so gar weit entferne. Denn indem

---

ni pour la pratique de l'art de penser, de la décider, soit qu'elles nous viennent toujours de dehors ou qu'elles viennent de nous; on raisonnera juste pourvu qu'on procéde avec ordre et sans prévention. La question de l'origine de nos idées et nos maximes n'est pas préliminaire en philosophie, et il faut avoir fait de grands progrés pour la bien résoudre.

219) a. a. O. p. 194*b*. *Il s'agit de savoir si l'ame en elle même est vuide entièrement comme des tablettes, ou l'on n'a encore rien écrit* (*tabula rasa*) *et si tout ce qui y est tracé vient uniquement des sens et de l'experience, ou si l'ame contient originairement les principes de plusieurs notions et doctrines, que les objets externes reveillent seulement dans les occasions* p. 195*a*. *D'ou il nait une autre question, savoir si toutes les vérités dépendent de l'experience, c'est à dire de l'induction et des exemples, ou s'il y en a, qui ont encore un autre fondement Les sens quoique nécessaires pour toutes nos connaissances actuelles ne donnent jamais que des exemples, c'est à dire des vérités particulières ou individuelles. Or tous les exemples ne suffisent pas pour établir la nécessité universelle D'ou il parait, que les vérités nécessaires, telles qu'on les trouve dans les mathématiques pures ... doivent avoir des principes, dont la preuve ne dépende point des exemples, ni par conséquent du temoignage des sens.*

er den Ursprung der Vorstellungen auf Sensation und Reflexion zurückführe, und die Reflexion nichts Anderes sei, als die Wahrnehmung dessen, was in uns ist und geschieht, ohne von den Sinnen dargeboten zu werden, könne er mit ihm sagen, dass wir uns selbst angeboren seien.[220]) Und in der That würde Locke gegen diesen Satz schwerlich etwas einzuwenden gehabt haben, wenn er auch unter den von Leibniz angeführten Beispielen angeborner Vorstellungen die des Seins, der Einheit, der Veränderung, der Dauer, der Substanz u. s. w. abgelehnt haben würde.

Geht man nun den Erörterungen, welche Leibniz im ersten Buch seiner *nouveaux essais* dem entsprechenden Theil von Locke's Werk gegenüberstellt, etwas genauer nach, so sollte man erwarten, dass er nicht nur das Vorhandensein angeborner Begriffe oder, wie er gewöhnlich sagt, angeborner Erkenntnisse behaupten, sondern auch bestreiten werde, dass irgend welche Vorstellungen durch den Verkehr mit der Aussenwelt erworben werden. Denn die prästabilirte Harmonie schneidet den Causalzusammenhang zwischen der Aussenwelt und den Vorstellungen ab; nach ihr soll die Seele alle ihre Vorstellungen lediglich aus sich selbst erzeugen, und wenn die sinnliche Wahrnehmung die gelegentliche Veranlassung bestimmter Vorstellungen ist, so ist damit kein solcher Zusammenhang zwischen jener und diesen gesetzt, dass ohne die sinnliche Affection die Entstehung der Vorstellung unmöglich wäre, ausser in so fern als Gott den Parallelismus zwischen beiden ein für allemal im Voraus geordnet hat. In der That erklärt nun Leibniz, dass er auf die Locke'sche Lehre zunächst aus dem Standpunkte einer Accommodation an die gewöhnliche Ansicht eingehen wolle,[221]) um zu zeigen,

---

220) a. a. O. p. 196*a*. *Peut-être que notre habile auteur ne s'éloignera pas entièrement de mon sentiment. Car il avoue, que les idées qui n'ont point leur origine dans la sensation, viennent de la réflexion. Or la réflexion n'est autre chose, qu' une attention à ce qui est en nous Cela étant peut on nier, qu'il y a beaucoup d'inné en notre esprit, puisque nous sommes innés à nous mêmes pour ainsi dire?* p. 196*b*. *Ainsi je suis porté à croire que dans le fonds son sentiment sur ce point n'est pas différent du mien ou plutot du sentiment commun, d'autant qu'il réconnoit deux sources de nos connaissances, les sens et la réflexion.*

221) a. a. O. p. 206*b*. *Je crois, que toutes les pensées et actions de notre ame viennent de son propre fond, sans pouvoir lui être données par les sens Mais à présent je mettrai cette recherche à part et m'accommodant aux expressions reçues, puisqu' en effect elles sont bonnes et soutenables et qu'on peut dire dans un certain sens, que les sens

dass, wie es sich auch mit den sinnlichen Vorstellungen verhalten möge, die Annahme angeborner Erkenntnisse nicht zu entbehren sei. Der Grund, auf welchen er sich dafür beruft, ist jedoch lediglich der schon im *avant-propos* geltend gemachte, dass nicht angeborne, sondern durch die Erfahrung erworbene Vorstellungen unfähig seien, nothwendige Wahrheiten und Erkenntnisse darzubieten.[222]) Einen Beweis dafür, dass angeborne Vorstellungen nothwendig wahr sein müssen und nicht auch möglicherweise falsch sein können, dass es also nur angeborne Wahrheiten und nicht auch angeborne Irrthümer geben könne, sucht man vergebens; denn die Berufung darauf, dass jene, die intellectuellen Vorstellungen immer deutlich, diese, die sinnlichen verworren seien, kann unmöglich für einen solchen gelten, da die Deutlichkeit eines Begriffs von der Anwendung geistiger Operationen auf ihn abhängt, die in seiner Unabhängigkeit von der sinnlichen Empfindung nicht unmittelbar mitgesetzt sind. Die allgemeine Uebereinstimmung über gewisse Sätze ist für Leibniz kein ausreichender Beleg ihres Angeborenseins, auch soll die Berufung auf angeborne Erkenntnisse nicht als Ruhekissen der Oberflächlichkeit und Faulheit im Denken benutzt werden;[223]) gleichwohl erklärt er die Annahme solcher angeborner Erkenntnisse für unentbehrlich, wenn man sich das thatsächliche Vorhandensein nothwendiger Wahrheiten erklären wolle.

---

externes sont cause en partie de nos pensées, j'examinerai comment on doit dire à mon avis, encore dans le système commun (partant de l'action des corps sur l'ame....), qu'il y a des idées et des principes, qui ne nous viennent point des sens et que nous trouvons en nous sans les former, quoique les sens nous donnent occasion de nous en appercevoir.

222) a. a. O. p. 207*a*. *Il (Locke) n'a pas assez distingué à mon avis l'origine des vérités nécessaires, dont la source est dans l'entendement, d'avec celles du fait, qu'on tire des experiences des sens.* p. 209*a*. *Les vérités nécessaires sont innées et se prouvent par ce qui est interne.* p. 209*b*. *Si l'esprit n'avait que la simple capacité de recevoir les connaissances ou la puissance passive pour cela, aussi indeterminée que celle qu'a la cire de recevoir les figures et la table rase des recevoir des lettres, il ne serait pas la source des vérités nécessaires* u. s. w. p. 212*b* (§ 25). *La nature ne s'est point donné inutilement la peine de nous imprimer des connaissances innées, puisque sans elles il n'y aurait aucun moyen de parvenir à la connaissance actuelle des vérités nécessaires dans les sciences démonstratives.*

223) a. a. O. p. 207*a*. *Je ne fonde pas la certitude des principes innés sur le consentement universel.* — p. 221*b*. *Si c'est là le dessein de vos amis de conseiller, qu'on cherche les preuves des vérités, sans distinguer si elles sont innées ou non, nous sommes entièrement d'accord.* vgl. p. 206*b*.

Vergleicht man jedoch die Art, in welcher er die Annahme angeborner Erkenntnisse gegen die Locke'sche Bestreitung derselben geltend macht, so wird man sagen müssen, dass er dieses Angeborensein gar nicht in dem Sinne behauptet, in welchem Locke es leugnet. Dieser hält für die Entscheidung dieser Frage streng den Gesichtspunkt fest, dass von angebornen Vorstellungen nur dann die Rede sein könne, wenn sich nachweisen lasse, dass sie, gleichviel ob als Vorstellungen oder als Sätze, nicht nur vor allen andern Erkenntnissen als deren Grundlage, sondern auch als solche bestimmt und deutlich sich im Bewusstsein ankündigen und dass, wenn man jener Behauptung die Wendung gebe, dass jene angeblich angebornen Erkenntnisse nur der Möglichkeit nach in uns angelegt seien, dies nur eine leere Ausflucht sei, welcher gemäss eine Masse von Erkenntnissen für angeboren erklärt werden müssten, die für angeboren zu erklären Niemandem einfalle. Gerade diese Wendung aber ist es, welche Leibniz in der Behauptung seines Satzes nimmt, und er dehnt sie bis zu einem Umfange aus, innerhalb dessen der ganze Unterschied zwischen angebornen und erworbenen Erkenntnissen schliesslich wegfällt. Um zuvörderst die Locke'sche Behauptung zu entkräften, dass von dem, wovon wir kein Bewusstsein haben, auch nicht gesagt werden könne, dass es im Geiste vorhanden sei, macht er auf die allgemeine Thatsache aufmerksam, dass in den Tiefen der Seele eine Masse von Vorstellungen und Gedanken ruhen, ohne dass wir uns in jedem Augenblicke derselben bewusst würden.[224]) In derselben Weise sind nun auch die angebornen Vorstellungen nicht actuell, sondern virtuell in uns vorhanden. Er bedient sich in dieser Beziehung wiederholt des Gleichnisses eines Marmorblocks, dessen von aussen unsichtbare Adern eine bestimmte Gestalt einschliessen, die erst durch Bearbeitung desselben zum Vorschein kommt. Sinnliche Wahrnehmungen, Unterricht, Reflexion u. s. w. mögen nothwendig sein, um diese inneren Schätze an das Tageslicht des Bewusstseins zu fördern; aber sie bringen eben nur zum Bewusstsein, was obgleich nur virtuell schon in uns liegt.[225]) Dieses

224) a. a. O. p. 208*a*, § 5. p. 212*b*, § 26. p. 217*a*, § 12.

225) a. a. O. p. 208*b*. *Ph. Si on peut dire qu'une chose est dans l'ame, quoique l'ame ne l'ait pas encore connue, ce ne peut être qu'à cause qu'elle a la capacité ou faculte de la connaitre. Th. Pourquoi cela ne pourroit il avoir encore une autre cause, telle que serait celle-ci, que l'ame peut avoir cette chose en elle sans qu'on s'en soit apperçu; car puisqu'une connaissance acquise y peut être cachée pour la mémoire, pourquoi la nature*

virtuelle Vorhandensein will aber Leibniz nicht blos als Fähigkeit oder Vermögen angesehen wissen; der Nichtgebrauch einer Sache, die man besitze, sei mehr, als die Möglichkeit sie zu erwerben; mit der blos passiven übrigens aber unbestimmten Fähigkeit, dergleichen Erkenntnisse zu erwerben, werde der Geist immer noch nicht die Quelle nothwendiger Wahrheiten sein; er müsse vielmehr eine sowohl active als passive Disposition haben, dergleichen Erkenntnisse aus sich selbst zu entnehmen; und weil die Ausübung dieser Disposition dem Menschen natürlich sei, spreche man eben von angeborenen Vorstellungen.[226]) So sind die angebornen Erkenntnisse bei Leibniz theils nur Möglichkeiten, theils mehr als leere Möglichkeiten, und daraus erklärt sich, warum er bald ihr Hervortreten im Bewusstsein so darstellt, als hänge dies nur von der Hinwegräumung eines Hindernisses, der Verdunkelung durch die sinnlichen Eindrücke ab, bald den Verkehr mit der Sinnenwelt geradezu als die Bedingung der Reflexion auf sie und somit der bewussten Entwickelung jener angebornen und nothwendigen Wahrheiten bezeichnet.[227]) In beiden Fällen bedeutet das Angeborensein eigentlich nur die Anerkennung einer von der Erfahrung unabhängigen Zunöthigung des Fürwahrhaltens oder des Handelns; diese Anerkennung ist auf dem theoretischen Gebiete der Ausdruck der logischen Nothwendigkeit, auf dem praktischen

---

ne pourrait-elle pas y avoir aussi caché quelque connaissance originale? Der Ausdruck *connaissances virtuelles* p. 208*a*. Das Gleichniss vom Marmorblock z. B. p. 196*a*, 215*b*.

226) a. a. O. p. 209*a*. *Avoir une chose sans s'en servir, est-ce la même chose que d' avoir seulement la faculté d' acquérir? Si cela était, nous ne posséderions jamais que des choses dont nous jouissons, au lieu, qu'on sait, qu'outre la faculté et l'objet il faut souvent quelque disposition dans la faculté pour que la faculté s'exerce sur l'objet.* p. 209*b* (vgl. oben Anm. 222). p. 210*a*. *C'est le rapport particulier de l'esprit humain à ces vérités qui rend l'exercice de la faculté aisé et naturel à leur égard et qui fait qu'on les appelle innées. Ce n'est donc pas une faculté nue, qui consiste dans la seul possibilité de les entendre: c'est une disposition, une aptitude, une préformation, qui determine notre ame et qui fait qu'elles en peuvent être tirées.* p. 221*a*. *Ce ne sont que des habitudes naturelles, c'est à dire des dispositions et attitudes actives et passives.*

227) a. a. O. p. 218*b*, § 20. *Les idées et vérités innées ne sauraient être effacées, mais elles sont obscurcies dans tous les hommes (comme ils sont présentement) par leur penchant vers les besoins du corps Ces caractères de lumière interne seraient toujours éclatans dans l'entendement et donneroient de la chaleur de la volonté, si les perceptions confuses des sens ne s'emparoient de notre attention.* Dagegen p. 269*b*. *Les sens nous fournissent la matière aux réflexions et nous ne penserions pas même à la pensée, si nous ne pensions à quelque autre chose, c'est à dire aux particularités que les sens fournissent.*

der der allgemeinen und natürlichen Motive des Handelns, welche Leibniz als *lumière naturelle* bezeichnet.[228]) Er geht daher so weit, dass er die gesammte Arithmetik und Geometrie, überhaupt alle Consequenzen aus Axiomen und Grundsätzen für ebenso angeboren erklärt, wie diese Axiome und Grundsätze selbst.[229]) Dazu kommt endlich, dass er die Entscheidung der Frage, ob ein bestimmter Begriff angeboren sei, von der deutlichen Darlegung seines Inhalts abhängig macht, ohne sich darüber bestimmt auszusprechen, ob dabei der Inhalt des Begriffs selbst oder eine neben ihm hergehende besondere Einrichtung des menschlichen Geistes das eigentlich Maassgebende sein soll; vielmehr ist er geneigt, beides in einander fliessen zu lassen;[230]) und so erklärt er nicht nur im Verlaufe der Erörterung, dass eine Ablehnung der angebornen Erkenntnisse in seinem Sinne auf einen blossen Wortstreit hinauslaufen würde, sondern legt am Schlusse derselben dem Vertreter der Locke'schen Lehre auch den Satz in den Mund, dass Locke die Ansicht in dem Sinne, in welchem er sie aufstelle, vielleicht gar nicht bestreite.[231]) Und wirklich, wenn man in dem Satze: *nihil est in intellectu quod non fuerit*

228) a. a. O. p. 214*b*, § 4. Vorzugsweise deutlich tritt die theoretische Bedeutung des sogenannten Angeborenseins in den Beispielen hervor, die Leibniz zur Erläuterung anführte. So sagt er p. 211*a*. *Quant à cette proposition: le quarré n'est pas un cercle, on peut dire qu'elle est innée, car en l'envisageant, on fait une subsumption ou application du principe de contradiction à ce que l'entendement fournit lui même, des qu'on apperçoit que ces idées qui sont innées renferment des notions incompatibles.*

229) a. a. O. p. 208*a*. *Dans ce sens on doit dire que toute l'arithmétique et toute la géometrie sont innées et sont en nous d'une manière virtuelle, en sorte qu'on les y peut trouver en considérant attentivément et rangeant ce qu'on a déja dans l'esprit, sans se servir d'aucune vérité apprise par l'expérience.* p. 212*a*. *Je ne saurais admettre cette proposition: tout ce qu'on apprend n'est pas inné. Les vérités des nombres sont en nous et on ne laisse pas de les apprendre.* p. 217*b*. *Je prends toutes les vérités nécessaires pour innées.* Eben so in praktischer Beziehung p. 214*a*, 214*b*.

230) a. a. O. p. 219*a*. *Lorsqu'on demande le moyen de connaitre et d'examiner les principes innées, je répond, qu'excepté les instincts dont la raison est inconnue, il faut tacher de les reduire aux premiers principes, c'est à dire, aux axiomes identiques ou immédiates par le moyen des définitions, qui ne font autre chose, qu'une exposition distincte des idées.* p. 211*b*, § 21 antwortet er auf den Einwurf, dass die Zustimmung zu gewissen Sätzen eben so gut auf der Betrachtung der Natur der Sache, als auf ihrem Angeborensein beruhen könne: *L'un et l'autre est vrai. La nature des choses et la nature de l'esprit y concourent Ce qu'on appelle la lumière naturelle suppose une connaissance distincte, et bien souvent la considération de la nature des choses n'est autre chose que la connaissance de la nature de l'esprit et de ces idées innées.*

231) a. a. O. p. 214*b*. p. 221*b*, § 24.

in sensu, nisi intellectus ipse, die drei letzten Worte oft als die Grenzscheide zwischen Locke und Leibniz angesehen hat, so bemerkt Leibniz selbst, dass Locke sich diesen Satz mit jenem Zusatze sehr wohl aneignen könne.[232]) Angeborne Vorstellungen oder Erkenntnisse würde Locke aber gleichwohl nicht anerkannt haben, weil er darunter etwas Bestimmteres gedacht wissen wollte, als Leibniz.

IX.

Bei diesem Sachverhalt kann es nicht überraschen, dass Leibniz die Art, wie Locke im zweiten Buche die Entstehung und Beschaffenheit des menschlichen Vorstellungskreises beschreibt und die Elemente, aus denen er besteht, unter allgemeine Bezeichnungen zusammenfasst, viel weniger zu bestreiten, als in einzelnen Punkten zu ergänzen und zu berichtigen sucht. Dass der Vorstellungskreis aus dem, was von aussen dargeboten wird, und was das Bewusstsein in sich selbst findet, erwächst, darüber ist im Grunde kein Streit zwischen beiden; die Thatsache der äusseren und inneren Wahrnehmung bezweifelt Leibniz so wenig als Locke, und für die Art, wie die äussere Wahrnehmung zu Stande kommt, ist bei Leibniz die Leugnung des physischen Einflusses und die an dessen Stelle gesetzte prästabilirte Harmonie nur ein allgemeiner Gesichtspunkt, der für die Erklärung der concreten Thatsachen hinter die Berufung auf die bestimmten — gleichviel ob unabhängig von der prästabilirten Harmonie vorhandenen oder durch sie gesetzten — Beziehungen der Dinge zu der Seele zurücktritt. Locke hatte sich begnügt, die sinnlichen Empfindungen als einen durch die leiblichen Organe mitbedingten Erfolg des Verkehrs mit der Aussenwelt zu bezeichnen, der den sie bewirkenden Ursachen proportional sei, ohne dass die Qualität der Empfindung mit der Qualität der Dinge identisch gedacht werden dürfe; bei Leibniz entsprechen die sinnlichen Vorstellungen der Constitution des Leibes, dessen Veränderungen wieder von den Einwirkungen anderer Körper abhängen; ja er bedient sich zur Bezeichnung

---

232) a. a. O. p. 223*a*. *Nihil est in intellectu, quod non fuerit in sensu, excipe: nisi intellectus ipse.* *Cela s'accorde assez avec votre auteur de l'essai, qui a cherché une bonne partie des idées dans la réflexion de l'esprit sur sa propre nature.*

dieser Abhängigkeit geradezu des Begriffs der Ursache und Wirkung.[233]) Die Locke'sche Unterscheidung erster und zweiter Qualitäten bestreitet er nicht; vielmehr ist er nur bemüht zu zeigen, dass nicht nur den ersten, sondern auch den zweiten Qualitäten ein Verhältniss der Aehnlichkeit mit den Dingen, auf welche sie sich beziehen, zukomme; sie verhalten sich wie die Projection eines Kreises auf eine Ebene zu dem projicirten Kreise selbst,[234]) ein treffendes Gleichniss, welches Locke vielleicht nicht gefunden, aber schwerlich abgelehnt haben würde.

Gegen die Behauptung Locke's dagegen, dass es in der Seele keine Vorstellungen geben könne ohne ein Bewusstsein derselben, und gegen die damit zusammenhängende skeptische Frage, mit welchem Rechte man das Vorstellen eben so für das Wesen der Seele erkläre, wie die Ausdehnung für das Wesen des Körpers, erhebt Leibniz eine ausführliche und lebhafte Einsprache. Er macht dagegen vor Allem wiederholt die Thatsache geltend, dass wir eine unbestimmte Mannigfaltigkeit von Vorstellungen haben, ohne uns derselben in jedem Augenblicke bewusst zu sein, und zeigt, dass dies gar nicht anders sein könne, indem es weder vorwärts noch rückwärts eine unendliche Reihe von Bewusstseinsacten geben könne.[235]) Diese Polemik hängt zusammen mit dem

233) a. a. O. p. 226*a*. *Les perceptions de l'ame répondent toujours naturellement à la constitution du corps ... L'ame n'est jamais privée du secours du corps, parcequ'elle exprime toujours son corps et ce corps est toujours frappé par les autres, qui l'environnent, d'une infinité de manières, mais qui ne font souvent qu'une impression confuse.* p. 232*a*, § 15. *Il est bien raisonnable que l'effet répond à la cause, et comment assurer le contraire?*

234) a. a. O. p. 231*a*. *Il ne faut point s'imaginer que ces idées de la couleur ou de la douleur soient arbitraires et sans rapport ou connexion naturelle avec leurs causes; ce n'est pas l'usage de dieu d'agir avec si peu d'ordre et de raison. Je dirois plutot qu'il y a une manière de ressemblance, non pas entière et pour ainsi dire in terminis, mais expressive ou une manière par rapport à l'ordre, comme une ellipse et même une parabole ou hyperbole ressemblent en quelque façon au cercle, dont elles sont la projections sur le plan, puisqu'il y a un certain rapport exact et naturel entre ce qui est projetté et la projection.* Zu den ersten Qualitäten will Leibniz auch die Kraft gerechnet wissen in den Fällen, wo ein deutlicher Begriff derselben möglich ist; p. 231*a*. *Je crois qu'on pourrait dire que lorsque la puissance est intelligible, elle doit être comptée parmi les qualités premières; mais lorsqu'elle n'est que sensible et ne donne qu'une idée confuse, il faudra la mettre parmi les qualités secondes.* p. 245*a* bedient er sich einmal des Ausdrucks *qualités originales ou connaissables distinctement.*

235) a. a. O. p. 224, § 11flgg. — p. 226, § 19. *Lorsque vous avancez qu'il n'y a rien dans l'ame, dont elle ne s'apperçoive, c'est une petition de principe Si nous*

Gewicht, welches er auf die kleinen unmerklichen Vorstellungen legt, deren Gesammtresultate sich dem Bewusstsein aufdringen, während sie selbst sich dem Bewusstsein entziehen.[236]) Die Fruchtbarkeit dieses Gedankens für die Psychologie ist unabhängig von der nach dem Systeme der prästabilirten Harmonie der Seele beizulegenden absoluten Spontaneität; aber gleichwohl ist er von keinem entscheidenden Einfluss auf die Lehre von der Erkenntniss, die unmöglich in unbewussten Vorstellungen zu Stande kommen kann, und es darf daher genügen ihn hier nur kurz bezeichnet zu haben.

Um die Gesammtheit unserer Vorstellungen zu classificiren, hatte Locke zwischen einfachen und zusammengesetzten Vorstellungen unterschieden und die letzteren in Substanzen, *modi* und Relationen eingetheilt. Die erstere Unterscheidung ist für Leibniz selbst eine der wesentlichen Grundbestimmungen seiner eigenen Psychologie, und er begnügt sich daher Locke gegenüber mit der Bemerkung, dass Einfachheit hier nur die für den Empfindenden selbst vorhandene Ununterscheidbarkeit eines Mannigfaltigen bezeichne, wobei die Möglichkeit nicht ausgeschlossen sei, dass das, was wir als einfach empfinden, dennoch zusammengesetzt sei.[237]) Ebenso erklärt er sich aber auch mit der Unterscheidung zwischen Substanzen, *modis* und Relationen einverstanden,[238]) obwohl er einige Bemerkungen darüber hinzufügt, dass der Unterschied zwischen

---

accordions ce principe, nous croirions choquer l'expérience et la raison. Mais outre que nos adversaires n'ont point apporté de preuve de ce qu'ils avancent, .. il est aisé de leur montrer le contraire, c'est à dire, qu'il n'est pas possible, que nous réflechissions toujours expressement sur toutes nos pensées. Autrement l'esprit ferait réflexion sur chaque réflexion à l'infini sans pouvoir jamais passer à une nouvelle pensée. Par exemple en m'appercevant de quelque sentiment présent, je devrais toujours penser que j'y pense, et penser encore que je pense d'y penser et ainsi à l'infini. Mais il faut bien que je cesse de réflechir sur toutes ces réflexions et qu'il y ait enfin quelque pensée qu'on laisse passer sans y penser; autrement on demeureroit toujours sur la même chose.

236) Vgl. u. A. den *avant-propos* zu den *nouveaux essais* p. 196*b*—198*a*.

237) a. a. O. p. 227*a*. *Je crois qu'on peut dire que ces idées sensibles sont simples en apparence, parce qu' étant confuses elles ne donnent point à l'esprit le moyen de distinguer ce qu'elles contiennent Je consens pourtant volontiers qu'on traite ces idées de simples, parce qu' au moins notre apperception ne les divise pas.* p. 250*a*, § 30. *Dans le fond, les idées des qualités sensibles ne tiennent leur rang parmi les idées simples qu'à cause de notre ignorance.*

238) a. a. O. p. 238*a*. *Cette division des objets de nos pensées en substances, modes et relations est assez à mon gré.*

den *modis* und Relationen schwankend sei, und die Anwendung des Substanzbegriffs auf Aggregate einer Vielheit von Dingen zurückweist.[239]) Auch die Locke'sche Aufzählung der verschiedenen geistigen Operationen, durch welche das menschliche Denken den unmittelbar gegenwärtigen sinnlichen Vorstellungsinhalt umgestaltet und überschreitet und in deren innerer Auffassung Locke die Quelle der von der sinnlichen Empfindung unabhängigen Vorstellungen sucht, nämlich das bewusste Vorstellen, das Festhalten der Vorstellungen durch die Aufmerksamkeit und das Gedächtniss, die Unterscheidung und Vergleichung, die Verknüpfung und Erweiterung derselben, begleitet er lediglich mit Bemerkungen, welche nicht gegen die Unterscheidung dieser Thätigkeiten gerichtet sind, sondern auf ihre nähere Bestimmung und speziellere Schilderung abzielen.[240])

Nur in einem Punkte, der zugleich eine allgemeine Bedeutung hat, macht Leibniz eine der Locke'schen Lehre entgegengesetzte, oder sie vielmehr berichtigende Begriffsbestimmung geltend. Sie bezieht sich auf die Zurückführung der verschiedenen geistigen Thätigkeiten auf verschiedene Seelenvermögen. Dass Locke mit dem Gebrauch dieses Begriffs kein Wissen über das Wesen der Seele in Anspruch genommen, sondern diesen Ausdruck nur benutzt hatte, um sich in einer der gewöhnlichen Auffassung bequemen Weise verständlich zu machen, ist oben (S. 144) durch seine eigenen Worte belegt worden; gleichwohl legt ihm Leibniz wenigstens indirect die Absicht unter, als habe er damit mehr sagen wollen, als der Fall ist, und doch zugleich weniger sage, als die Sache verlange. Blosse Vermögen ohne ein mit ihnen zugleich gesetztes Streben seien leere Möglichkeiten; man müsse sich deutlicher darüber erklären, worin ein solches Vermögen — und zwar zunächst das Gedächtniss — bestehe und wie es wirke, und dann werde man finden, dass es in der Seele gewisse Dispositionen gebe, als Reste

239) a. a. O. p. 238*b*.

240) a. a. O. L. II, ch. XI—XIII — Psychologisch am wichtigsten ist, was Leibniz über die Perception und ihren Unterschied von der Apperception sagt. Es mag nicht unerwähnt bleiben, dass er diesen Unterschied im Wesentlichen blos als einen quantitativen bestimmt. p. 233*a*. *J'aimerais mieux distinguer entre perception et entre apperception. La perception de la lumière par exemple, dont nous nous appercevons, est composée de quantité de petites perceptions, dont nous ne nous appercevons pas et un bruit dont nous avons perception, mais ou nous ne prenons point garde, devient apperceptible par une petite addition ou augmentation.*

früherer Eindrücke, die nur gelegentlich zum Bewusstsein kommen.[241]) Die Frage, ob diese Seelenvermögen sammt den in ihnen liegenden Dispositionen verschiedene Wesensbestimmungen der Seele selbst sind, berührt er an dieser Stelle nicht; vermöge seines Begriffs von der Substanz als dem Träger einer unbestimmten Mannigfaltigkeit von Kräften hatte diese Frage eigentlich für ihn gar keine Bedeutung und desshalb sagt er später einmal ganz kurz, nicht die verschiedenen Vermögen seien das eigentlich Thätige, sondern die Substanz vermittelst ihrer Vermögen.[242]) Die Lücke jedoch, welche in der Frage nach den Bedingungen bestimmter Thätigkeiten entweder der einzelnen Seelenvermögen oder der Seelensubstanz liegt, ist bei Leibniz so wenig ausgefüllt als bei Locke, da er es unterlässt über die Art, wie die »kleinen unmerklichen Vorstellungen« im Bewusstsein wirken, eine ins Einzelne gehende Rechenschaft zu geben. Locke legt der Seele eine gewisse Anzahl von Vermögen bei, ohne dadurch ein Wissen über die Art und die Ursachen ihrer Thätigkeit zu beanspruchen; Leibniz beruft sich auf eine unbestimmte Vielheit unter sich zusammenhängender Thätigkeitsacte, deren Resultat das sei, was im Bewusstsein innerlich wahrnehmbar wird; aber in der unbestimmten Allgemeinheit, in welcher er diesen Gedanken lässt, passt seine Vergleichung des Geistes mit einer nicht einförmigen und blos passiven, sondern gefalteten, elastischen, auf die empfangenen Einwirkungen selbstständig reagirenden Membrane, nur mit Ausnahme der durch die Falten dieser Membrane angedeuteten angebornen Begriffe, auf die Ansicht Locke's vom geistigen Leben so gut, wie auf die seinige.[243])

---

241) a. a. O. p. 236*a*. *Je m'étonne que vous vous puissiez toujours payer de ces puissances ou facultés nues, que vous rejetteriez apparemment dans les philosophes de l'école. Il faudrait expliquer un peu plus distinctement, en quoi consiste cette faculté et comment elle s'exerce, et cela feroit connaitre qu'il y a des dispositions, qui sont des restes des impressions passées, dont on ne s'apperçoit, que lorsque la mémoire en trouve quelque occasion.* p. 222*b*. *Les facultés sans quelque acte, les pures puissances de l'école, ne sont que des fictions, que la nature ne connoit point et qu'on n'obtient qu'en faisant des abstractions.* p. 223*b*. *Les puissances véritables ne sont jamais des simples possibilités.* p. 251*a*. *J'entends la puissance dans le sens plus noble, ou la tendance est jointe à la faculté.* cf. p. 271*b*.

242) a. a. O. p. 252*a*. *Ce ne sont pas les facultés ou qualités, qui agissent, mais les substances par les facultés.*

243) a a. O. p. 238*a*.

X.

Ganz anders gestaltet sich dagegen das Verhältniss zwischen Leibniz und Locke rücksichtlich der Frage nach dem Erkenntnissgehalt, der den Begriffen, in welchen der factisch vorhandene Vorstellungskreis sich bewegt, zugesprochen werden kann. Es mag erlaubt sein, die Kritik Leibniz's in dieselbe Reihenfolge zu ordnen, in welcher oben die Erörterungen Locke's dargelegt worden sind.

Der wesentliche Grund der Verzichtleistung Locke's auf alle Metaphysik im Sinne einer Erkenntniss des Wesens der Dinge liegt in seinen Bedenken gegen den Begriff des Dings mit der Mehrheit seiner Eigenschaften und Kräfte, dem die Schulphilosophie die Worte Substanzen, Attribute und Accidenzen substituirt hatte. Dieser ganze Begriff war für ihn ein — seiner psychischen Genesis nach freilich nicht genauer untersuchtes — Product aus dem Zusammenwirken der äusseren Wahrnehmungen mit der Vorstellungsthätigkeit, welches über die wahre Beschaffenheit dessen, was dadurch bezeichnet werden soll, keinen Aufschluss gibt. Es ist oben bemerkt worden, dass Locke in dieser thatsächlich vorhandenen Vorstellungsart, vermöge deren wir für die erfahrungsmässig gegebenen Complexionen von Eigenschaften das Ding als ihren Träger voraussetzen und hinzudenken, ein Problem eines fortschreitenden Denkens weder gefunden noch auch nur gesucht habe; er betrachtet sie einfach als eine dunkle Region, welche aufzuhellen dem menschlichen Denken nicht vergönnt ist. Für Leibniz war der Begriff der Substanz als eines mit einer Mehrheit nicht ruhender Eigenschaften, sondern thätiger Kräfte ausgestatteten Wesens der Fundamentalbegriff seiner Metaphysik, die dadurch im Allgemeinen den Charakter einer Reaction der aristotelischen Anschauungsweise gegen die mechanische Naturphilosophie namentlich der Cartesianischen Schule bekommt. Man wird in seinen Schriften vergeblich nach einer Deduction, nach dem Versuch eines Beweises der Nothwendigkeit suchen, den Begriff der Substanz in diesem und keinem andern Sinne an die Spitze der Metaphysik zu stellen; um so interessanter ist es zu untersuchen, in welcher Weise und mit welchem Erfolge er die Locke'sche Behauptung der gänzlichen Dunkelheit und wissenschaftlichen Unbrauchbarkeit dieses Begriffs zu entkräften sucht.

Dass er nämlich an den von Locke geltend gemachten Schwierigkeiten keinen Anstoss nimmt, verräth sich schon da, wo bei Locke zuerst des Begriffs der Substanz als eines solchen, den man voraussetze, ohne eigentlich zu wissen, was man damit meine, Erwähnung geschieht. Er bemerkt dazu ganz kategorisch, dieser Begriff sei keineswegs so dunkel als man denke; man könne daran so viel erkennen als nöthig sei und als man an den Dingen überhaupt erkennen könne.[244]) Den Commentar zu dieser kurzen Aeusserung enthält zunächst das 23. Capitel des zweiten Buchs. Hier leugnet Leibniz zuvörderst, dass wir dem das Ding bezeichnenden Vorstellungscomplexe »unbedachter Weise« die Einheit des Dings voraussetzen; die Vorstellung oder der Begriff des einen Subjects brauche desshalb nicht eine einfache Vorstellung zu sein.[245]) Locke hatte die wesentliche Schwierigkeit in der Frage gefunden, mit welchem Rechte wir, da den Eigenschaften oder auch den Kräften der Dinge keine selbstständige Existenz beigelegt werden könne, und sie doch unter einander in einer Weise verknüpft seien, über welche sie selbst keinen Aufschluss geben, ihrer Gesammtheit die Voraussetzung eines Substrats, einer Substanz unterschieben, die selbst nicht wahrgenommen wird und gleichwohl der unbekannte Träger der Eigenschaften und Kräfte sein soll. Leibniz erwidert, man thue ganz recht so zu denken und man habe sich an die Voraussetzung dieses Substrats zu gewöhnen, weil wir von vorn herein Subjecte mit mehreren Prädicaten denken oder zu denken haben. Es ist nicht ganz deutlich, ob Leibniz damit einen Parallelismus des logischen Verhältnisses zwischen dem Begriff und seinen Merkmalen, und des reellen zwischen dem Dinge und seinen Eigenschaften geltend machen will, vermöge dessen diese zusammen gehören, wie jene; er fügt jedoch hinzu, das Ding ohne die Eigenschaften (die abstracte Substanz) und die Eigenschaften ohne die Substanz (die Wärme, die Schwere als Abstracta), würden unbegreiflich sein, aber eine Substanz mit ihren Eigenschaften zu denken habe keine Schwierigkeit und

244) a. a. O. p. 238*b*. *L'idée de la substance n'est pas si obscure qu'on pense. On en peut connoitre ce qui se doit et ce qui se connoit en autres choses; et même la connaissance des concrets est toujours antérieure à celle des abstraits; on conçoit plus le chaud que la chaleur.*

245) a. a. O. p. 271*b*. *Je ne vois rien dans les expressions reçues qui mérite d'être taxé d'inadvertance, et quoiqu'on reconnoisse un seul sujet et une seule idée, on ne reconnoit pas une seule idée simple.*

ihr Begriff sei keinesweges leer, denn durch die Eigenschaften erfahre man eben, was die Substanz ist.[246]) Lässt man nun die Frage, ob das logische Verhältniss zwischen dem Begriff und seinen Merkmalen einen genügenden Aufschluss über das Verhältniss zwischen dem Dinge und seinen Eigenschaften, der Substanz und ihren Attributen darbiete, dahingestellt sein,[247]) so trifft doch Locke nicht der Vorwurf leerer Abstractionen, durch welche er Schwierigkeiten erkünstele, die in der Auffassung des Gegebenen nicht liegen. Locke spricht nicht von der Substanz im Allgemeinen, d. h. von einer von ihren Eigenschaften losgelösten Substanz; sondern von dem allgemeinen Begriff des Verhältnisses zwischen Substanz und Accidenz und behauptet, dass dieser Begriff weder über die Art der Verknüpfung der letzteren unter einander und mit der ersteren, noch über das eigene Was der Substanz eine Erkenntniss enthalte; Leibniz ist der Ansicht, dass diese Erkenntniss sich von selbst darbiete, wenn man eine bestimmte Substanz mit ihren be-

---

246) a. a. O. p. 272*a*, § 1. *Je crois qu'on a raison de penser ainsi et nous n'avons que faire de nous y accoutumer ou de le (le substratum) supposer, puisque d'abord nous concevons plusieurs prédicats d'un meme sujet et ces mots métaphoriques de soutien ou de substratum ne signifient que cela; de sorte que je ne vois point pourquoi on s'y fasse de la difficulté. Au contraire c'est plutot le concretum, comme savant, chaud, luisant, qui nous vient dans l'esprit, que les abstractions ou qualités (car ce sont elles, qui sont dans l'objet substantiel et non pas les idées), comme savoir chaleur lumiere etc., qui sont bien plus difficiles à comprendre Ainsi c'est nodum in scirpo quaerere, si je l'ose dire, et renverser les choses que de prendre les qualités ou autres termes abstraits pour ce qu'il y a de plus aisé et les concrets pour quelque chose de fort difficile. § En distinguant deux choses dans la substance, les attributs ou prédicats et le sujet commun de ces prédicats, ce n'est pas merveille, qu'on ne peut rien concevoir de particulier dans ce sujet. Il le faut bien puisqu'on a déja séparé tous les attributs ou l'on pourroit concevoir quelque détail. Ainsi demander quelque chose de plus dans ce pur sujet en général, que ce qu'il faut pour concevoir que c'est la méme chose, c'est demander l'impossible et contrevenir à sa propre supposition, qu'on a fait en faisant abstraction et concevant separément le sujet et ses qualités ou accidences. On pourrait appliquer la méme prétendue difficulté à la notion de l'étre; car tout détail étant exclus par là, on aura aussi peu à dire que lorsqu'on demande ce que c'est que la pure substance en général.*

247) Die aristotelisch-scholastische Metaphysik findet stillschweigend in der Verknüpfung einer Mehrheit von Merkmalen in der Einheit des Begriffs den Rechtfertigungsgrund für den Begriff der Substanz mit mehreren Attributen oder Accidenzen. Der Widerspruch dagegen ist alt, und trieb die Megariker zu dem entgegengesetzten Extrem in der Verwerfung aller nichtidentischen Sätze. Vgl. meinen Aufsatz: über die Bedeutung der megarischen Schule für d. Gesch. d. metaphys. Probleme in d. Berichten der Kön. Sächs. Ges. d. Wissensch. Bd. I, p. 203 flgg.

stimmten Accidenzen auffasse. Dies verräth sich in der Art, wie er später den Locke'schen Satz bestreitet, dass wir nicht im Stande sind, über die Dinge, insofern wir auf sie die Begriffe der Substanz und der Accidenzen übertragen, streng allgemeine Sätze zu erkennen.[248]) Gerade weil sich in den Eigenschaften das Wesen der Dinge kund gebe, können wir von ihnen allgemeine Sätze aussagen; und selbst, wenn unsere Begriffe von den Dingen nur eine provisorische Bedeutung haben und durch neue Erfahrungen einer Erweiterung oder näheren Bestimmung unterliegen sollten, würde es gleichwohl gestattet sein, den Dingen ein inneres Wesen beizulegen, welches sich durch die wahrnehmbaren Eigenschaften zu erkennen gibt.[249]). Dass wir die Art des Zusammenhangs der Eigenschaften unter sich und mit der Substanz nicht erkennen können, gibt Leibniz zu; wir wissen lediglich durch die Erfahrung, dass im Wesen des Goldes die Schwere mit der Dehnbarkeit verbunden ist; aber wir lernen dadurch einen Körper kennen, dessen specifisches Wesen, obgleich uns unbekannt, der Grund dieser Eigenschaften ist und sich uns wenigstens dunkel dadurch zu erkennen gibt.[250]) Nur müsse man nicht verlangen, dass selbst wenn wir die innere Constitution des Körpers und damit die Ursachen seiner sinnlichen Eigen-

---

248) L. IV, ch. VI. Die Erörterung Locke's im 31. Cap. des zweiten Buchs über diesen Gegenstand übergeht Leibniz mit Stillschweigen.

249) a. a. O. p. 356*b*. *Nous pouvons être assurés de mille vérités, qui regardent l'or ou ce corps dont l'essence interne se fait connaitre par la plus grande pesanteur comme ici bas ou par la plus grand ductilité ou par d'autres marques. Car nous pouvons dire que le corps de la plus grande ductilité connue est aussi le plus pesant de tous les corps.* Nach einer längern Auseinandersetzung, darüber dass viele dieser Wesensbestimmungen möglicherweise nur provisorisch seien, schliesst er p. 357*b*: *cependant il sera toujours permis et raisonnable d'entendre qu'il y a une essence réelle interne appartenante par une proposition réciproqne soit au genre, soit aux espèces, laquelle se fait connaitre ordinairement par les marques externes.*

250) a. a. O. p. 359*a*. *Nous savons presque aussi certainement que le plus pesant de tous les corps connus ici bas est fixe, que nous savons certainement qu'il fera jour demain. C'est parce qu'on l'a expérimenté cent mille fois, c'est une certitude expérimentale et de fait, quoique nous ne connaissions point la liaison de la fixité avec les autres qualités de ce corps. Au reste il ne faut point opposer deux choses qui s'accordent et reviennent au même. Quand je pense à un corps, qui est en même temps jaune, fusible et résistant à la coupelle, je pense à un corps dont l'essence specifique, quoique inconnue dans son intérieur, fait émaner ces qualités de son fonds et se fait connaitre confusement au moins par elles. Je ne vois rien de mauvais en cela.*

schaften (der *qualités secondes*) wirklich erkennen könnten, uns nun auch in sinnlich anschaulicher Weise deutlich werden solle, wie diese sinnlichen Phantome entstehen, die ein verworrenes Resultat der Einwirkungen der Körper auf uns sind; es würde das heissen, eine Täuschung durch ihre Erklärung zerstören und sie sich doch erhalten wollen.[251])

Gerade dieser Begriff eines unbekannten Wesens aber, dessen Was sich durch seine wahrnehmbaren äusseren Eigenschaften zu erkennen und auch nicht zu erkennen geben soll, dergestalt, dass wir rücksichtlich des Zusammenhangs des Aeusseren mit dem Inneren nichts wissen, als was uns die empirische Thatsache der Verknüpfung der Eigenschaften in der vorausgesetzten Einheit des Dings lehrt, gerade dieser Begriff ist es, an dem Locke Anstoss genommen und welchem er jede wissenschaftliche Brauchbarkeit abgesprochen hatte. Leibniz ist hier in seinen Anforderungen an ein Wissen über das Wesen der Dinge jedenfalls viel genügsamer als Locke; es stört ihn darin nicht einmal die von ihm übrigens gebilligte Auseinandersetzung Locke's, dass der allergrösste Theil dessen, was wir den Dingen als Eigenschaft beilegen, auf Beziehungen und Verhältnissen zu andern Dingen beruht und ihnen folglich gar nicht als ihr eigenes Wesen beigelegt werden kann.[252]) Dass Alles das, was wir von dem Wesen der Dinge wissen, lediglich auf der Erfahrung beruhe, erkennt Leibniz so vollständig an, als es nur der entschiedenste Empirist thun könnte, und gesteht desshalb am Schlusse der ganzen Erörterung zu, dass dieses Wissen kein meta-

---

251) a. a. O. p. 358*a*. *Ces idées sensitives dépendent du détail des figures et mouvemens et les expriment exactement, quoique nous ne puissions pas y déméler ce détail dans la confusion d'un trop grande multitude et petitesse des actions mécaniques, qui frappent nos sens. Cependant si nous étions parvenu à la constitution interne de quelque corps nous verrions aussi quand ils devraient avoir ces qualités, qui seroient réduites elles mémes à leurs raisons intelligibles; quand méme il ne seroit jamais dans notre pouvoir de les reconnaitre sensiblement dans ces idées sensitives, qui sont un résultat confus des actions de corps sur nous.* p. 358*b*. *De vouloir que ces phantómes confus demeurent et que cependant on y déméle les ingrediens par la phantaisie méme c'est se contredire, c'est vouloir avoir le plaisir d'étre trompé par une agréable perspective et vouloir qu'en méme tems l'oeil voie la tromperie.* Wie wenig Leibniz das Bedürfniss fühlt, in diesem Punkte die gewöhnliche Vorstellungsart zu berichtigen, zeigt u. A. p. 298*b*, wo er bei Gelegenheit einer Erörterung über die Präpositionen sich auf die Inhärenz der Accidenzen in ihrem Subject oder der Substanz als die natürliche Vorstellungsart, die in der Sprache ihren Ausdruck finde, beruft.

252) a. a. O. p. 359*a*, § 11.

physisches, d. h. aus den Begriffen selbst abgeleitetes sei, sondern nur eine moralische oder physische Gewissheit einschliesse;[253]) aber er übersieht dabei, dass Locke zwar den Belehrungen der Erfahrung so zugänglich war, wie er selbst, dass er aber dabei zugleich eine, wenn auch nicht aus blossen Begriffen abgeleitete, aber doch eine mit den Ansprüchen auf Erkenntniss, mit denen eine gewisse Vorstellungsart auftritt, vereinbare und ihnen entsprechende Begriffsbestimmung verlangt, welche er eben in dem hergebrachten Substanzbegriff vermisst.

Zu der Zeit, zu welcher das Werk Locke's ihm bekannt wurde, hatte Leibniz seine eigene Metaphysik schon festgestellt und es ist nicht zu verwundern, dass er den Mittelpunkt derselben, den Begriff der Substanz, Locke's Einwendungen gegenüber nicht fallen lassen wollte. Für Leibniz war die Substanz nicht sowohl der Träger einer Mehrheit ruhender Eigenschaften, als vielmehr der Mittelpunkt einer Mannigfaltigkeit von Thätigkeiten. Der damals durch Naturforscher und Philosophen, die er häufig als Reformatoren bezeichnet, im Gegensatze zu der aristotelisch-scholastischen Lehre geltend gemachten mechanischen Naturphilosophie gegenüber hatte sich ihm, zunächst mit Beziehung auf die Veränderungen der Körperwelt, die Unentbehrlichkeit des Begriffs der Kraft aufgedrängt; und mit ausdrücklicher Berufung auf den Begriff der aristotelischen Entelechie und der substanziellen Formen definirt er die Substanz als *être capable d'action*. Der Vergleichungspunkt für die Art, wie die Wirkungsart dieser primitiven Thätigkeitsquellen zu denken sei, war ihm das psychische Leben; die innere Erfahrung schien ihm eine unmittelbare Spontaneität derjenigen Entelechie, welche die Seele ist, zu verbürgen, und die Unbegreiflichkeit eines physischen Einflusses äusserer Dinge auf die vorstellende, denkende und wollende Seele ihre Annahme nothwendig zu machen, und so suchte er die Entelechieen der Körper nach den abgestuften Graden ihrer Aehnlichkeit mit der Seele verständlich zu machen.[254]) Da er nun an die Stelle äusserer Einwir-

253) a. a. O. p. 359*b*.

254) Die nähere Ausführung dieser kurzen Andeutungen sammt den Belegen enthält meine Abhandlung *de materiae apud Leibnitium notione et ad monadas relatione* (*Lips.* 1846). Dass Leibniz den Entelechieen gegenüber die Annahme eines materiellen, rein passiven Stoffs, als dessen, worin und worauf die Entelechieen wirken, nicht aufgegeben hat, glaube ich daselbst ausreichend nachgewiesen zu haben. Es ist eine durch Leibniz's eigene Darstellung nicht gerechtfertigte Ansicht, wenn man seine Lehre

kungen einer Entelechie auf die andere (des *influxus physicus*) eben so, wie an die Stelle des Occasionalismus der Cartesianischen Schule, das eine, alle speziellen Wunder überflüssig machende Wunder der prästabilirten Harmonie gesetzt hatte, so konnten die ohnedies nicht sehr tief gehenden Erörterungen Locke's über den Begriff der Ursache und der Kraft nur ein untergeordnetes Interesse für ihn haben; aus dem 26. Capitel des zweiten Buchs hebt er nur die Locke'sche Definition von Ursache und Wirkung hervor, um daran die Bemerkung zu knüpfen, dass sie nur auf die wirkenden Ursachen passe und dass, wenn Locke sage, Ursache sei das, was m a c h e, dass etwas anderes zu existiren anfange, eben in diesem Machen die eigentliche Schwierigkeit stecke, ohne sich zu erinnern, dass Locke selbst die A r t dieser Wirksamkeit für gänzlich unbekannt erklärt hatte und in so fern für die darin liegende Schwierigkeit nicht so ganz blind war.[255]) Rücksichtlich der Begriffe Vermögen und Kraft stimmt Leibniz Locke'n darin bei, dass es eigentlich die innere Erfahrung, nicht die Beobachtung äusserer Vorgänge ist, welcher wir diese Begriffe verdanken, nur seien sie bei weitem nicht so einfach als Locke annehme;[256]) die Frage, was denn durch die Berufung auf Vermögen und Kräfte, die man dem beobachteten Thatbestand des Verlaufs der Veränderungen unterschiebt, e r k l ä r t werde, übergeht er mit Stillschweigen und begnügt sich eine Reihe von Unterscheidungen und Nominaldefinitionen der Begriffe active und passive Potenz, ursprünglicher und abgeleiteter Kräfte, u. s. w. aufzustellen, die mit seinem Begriffe von den Entelechieen und der Materie zusammenhängen,[257]) wie denn

---

so auffasst, als erkläre er die Monaden für die einzigen Realprincipien der Erscheinungswelt; im Gegentheile bezeichnet er, wo er ein Interesse hat sich bestimmt auszudrücken, durch dieses Wort diejenigen natürlichen Einheiten, in denen eine Entelechie mit der Materie verbunden ist; die Monade ist das Resultat aus der Verbindung von Stoff und Kraft. Vgl. a. a. O. p. 20.

255) a. a. O. p. 277*a*. *Vous ne définissez que la cause efficiente Il faut avouer, qu'en disant que cause efficiente est ce qui produit et effet ce qui est produit, on ne se sert que des synonymes. Il est vrai que je vous ai entendu dire un peu plus distinctement que cause est ce qui f a i t qu' une autre chose commence à exister, quoique ce mot fait laisse aussi la principale difficulté en son entier.* Die Worte, welche Leibniz hinzufügt: *mais cela s'expliquera mieux allieurs,* beziehe ich auf seine Auseinandersetzungen über die prästabilirte Harmonie. Vgl. oben Anm. 75.

256) p. 250, § 3. 4.

257) Vgl. oben Anm. 81. 82. — Leibniz's eigene Definitionen p. 249*b*, § 1.

überhaupt die ganze Frage nach dem Begriff der Kraft durch seine Auffassung des Begriffs der Substanz für ihn erledigt war. Die übrigen sehr sorgfältigen Erörterungen dieses Capitels beziehen sich auf die Frage nach der Willensfreiheit und müssen hier aus demselben Grunde, wie oben bei Locke übergangen werden.

Bei weitem kürzer behandelt Leibniz die Erörterungen Locke's über Raum, Zeit und Zahl. Der grösste Theil der hierher gehörigen Capitel (L. II, ch. XIII—XVI) besteht in schärferen Bestimmungen einzelner hierher gehöriger Begriffe z. B. des Begriffs der Distanz (p. 239*a*. *b*), der Figur (p. 239*b*), des Orts (p. 240*a*, § 7), des Moments (p. 241*b*), der Zahl (p. 243*a*) und der Art des Zählens (p. 243*b*, § 5). Sein mathematischer Scharfsinn ist hier Locke'n durchaus überlegen; das psychologische Interesse dieser Berichtigungen besteht in der Nachweisung, dass diese räumlichen und zeitlichen Vorstellungen bei weitem nicht so einfach sind, als Locke behauptet.[258]) Dem Locke'schen Bekenntniss der Unwissenheit, was der Raum sei, stellt er die Erklärung gegenüber, der Raum sei das Abstractum des Ausgedehnten und Raum und Zeit der Ausdruck geordneter Verhältnisse nicht blos des Wirklichen, sondern auch des Möglichen, deren Ordnung, wie die aller ewigen Wahrheiten, in letzter Instanz in Gott gegründet sei.[259]) Damit hängt die Erklärung zusammen, dass die Reflexion auf die Aufeinanderfolge der Vorstellungen die Vorstellung der Zeit in uns nur erwecke, nicht erzeuge, obgleich der Grund, den Leibniz dafür anführt, sich nicht sowohl auf die allgemeine Vorstellung einer unbestimmten Dauer, als vielmehr auf das Maass derselben bezieht,[260]) für welches Locke selbst auf die Nothwendigkeit

258) Vgl. z. B. a. a. O. p. 240*a*, § 6. 243*b*, § 5.

259) a. a. O. p. 240*a*, § 15. *L'étendue est l'abstraction de l'étendu.* p. 240*b*. *L'espace n'est pas plus une substance que le temps. C'est un rapport, un ordre, non seulement entre les existans, mais encore entre les possibles, comme s'ils existaient. Mais sa vérité et réalité est fondée en dieu, comme toutes les vérités éternelles.*

260) a. a. O. p. 241*b*. *Une suite de perceptions réveille en nous l'idée de la durée, mais elle ne la fait point. Nos perceptions n'ont jamais une suite assez constante et régulière pour répondre à celle du tems, qui est un continu uniforme et simple comme une ligne droite. Le changement des perceptions nous donne occasion de penser au tems et on le mésure par des changemens uniformes; mais quand il n'y auroit rien d'uniforme dans la nature, le tems ne laisserait pas être determiné* u. s. w. *C'est que connaissant les régles des mouvemens difformes on peut toujours les rapporter à des mouvemens uniformes intelligibles.*

einer als gleichförmig sich erweisenden oder als solche vorausgesetzten Bewegung hingewiesen hatte. Dass die Vorstellung der Zeit als Vorstellung ohne den Wechsel anderer Vorstellungen nicht vorhanden sein würde, wird dadurch nicht widerlegt; Locke seinerseits würde sich vielleicht durch die Behauptung, dass der Wechsel der Vorstellungen die Vorstellung des Zeitlichen erwecke, nicht hervorbringe, zu der Frage veranlasst gefunden haben, was denn die Vorstellung des Zeitlichen für das Bewusstsein irgend bedeute, so lange sie nicht im Bewusstsein vorhanden sei.

An die Begriffe von Raum, Zeit und Zahl hatte Locke den des Unendlichen angeknüpft, um zu zeigen, erstlich, dass er ein Grössenbegriff, und zweitens, dass er ein lediglich negativer Begriff, der eines möglichen Fortschritts ohne Ende sei. Der ganze Begriff ist ihm ein Gedankenproduct, oder vielmehr der Ausdruck für eine Operation des Denkens; daher zwar die Unendlichkeit des Raums, der Zeit und der Zahlenreihe, aber nicht der unendliche Raum, die unendliche Zeit oder Zahl vorgestellt werden könne. Diese Auffassung des Unendlichen erkennt Leibniz innerhalb der von Locke selbst bezeichneten Grenzen an;[261]) denn dass er auf die Möglichkeit eines Fortschritts ohne Ende rücksichtlich der Intensität der Qualitäten d. h. des Grades aufmerksam macht, ist mehr ein Zusatz, als ein Einwurf, ebenso wie die Hinweisung darauf, dass der Fortschritt in der Reihe nach derselben Regel und unter den gleichen Verhältnissen stattfinden müsse. Wenn er ein Gewicht darauf legt, dass die Regel des Verfahrens in uns selbst liege und nicht von der sinnlichen Erfahrung entlehnt sei,[262]) so trifft das Locke's Ansicht nicht, welcher den Ursprung des Begriffs des Unendlichen keineswegs in der äussern Erfahrung, sondern lediglich in der Thätigkeit des Denkens sucht. Gleichwohl deutet Leibniz hier noch auf einen andern Begriff des Unendlichen hin, der nicht auf der Zusammenfassung von

---

261) a. a. O. p. 244*a*. *Il est vrai qu'il y a une infinité de choses, c'est à dire qu'il y en a toujours plus qu'on n'en peut assigner. Mais il n'y a point de nombre infini ni de ligne ou autre quantité infinie, si l'on les prend pour des touts véritables.* p. 244*b*. *On se trompe en voulant s'imaginer un espace absolu, qui soit un tout absolu, composé de parties. Il n'y a rien de tel. C'est une notion qui implique contradiction et ces tous infinis et leur opposés, infiniment petits, ne sont de mise que dans les calculs des géometres, tout comme les racines imaginaires.*

262) a. a. O. p. 244*b*, § 1. § 6.

Grössen beruhe und als solcher dem Begriff des Endlichen vorhergehen soll.[263]) In sofern jedoch dieses Unendliche identisch sein soll mit dem Absoluten, liegt es wenigstens nicht in der Reihe der Begriffe, mit welchen Locke den Begriff des mathematisch Unendlichen in eine von Leibniz nicht bestrittene Verbindung setzt, und Leibniz unterlässt, den Zusammenhang dieses mathematisch Unendlichen mit oder seinen Gegensatz zu dem, was er das wahre Unendliche nennt, irgendwie näher darzulegen. Dass die Uebertragung des Begriffs des Unendlichen auf den Begriff und die Eigenschaften Gottes, wenn sie etwas mehr sein will, als der Ausdruck dafür, dass seine Macht, Weisheit u. s. w. jedes uns bekannte Maass überrage, die Grenze dessen, was uns begreiflich sei, überschreite, hatte Locke gleich im Eingange seiner Erörterung über das Unendliche hervorgehoben und in der Erklärung Leibniz's, dass das wahre Unendliche Gott und die göttlichen Attribute seien, liegt nichts, was das jenseits dieser Grenze liegende Dunkel aufhellte.

Eine der wichtigsten Erörterungen Locke's hatte endlich der Anwendung des Begriffs der Identität sowohl auf die Dinge ausser uns als auf uns selbst gegolten, d. h. der Frage, was uns in unserer natürlichen Auffassung veranlasst, sowohl jedes individuelle Ding ausser uns für dasselbe zu erklären, als auch uns selbst für dieselbe Person zu halten; woran sich für ihn die weitere Frage geknüpft hatte, ob in der Einheit des Selbstbewusstseins auch schon der Beweis für die Einheit der Substanz als des Trägers dieses Selbstbewusstseins, mithin für die reelle Einheit der Seele liege. Er hatte die zwingende Kraft des Schlusses von diesen thatsächlich vorgestellten Einheiten auf die Einheit der Substanz geleugnet; bei den unbelebten äusseren Dingen ist es die Gleichheit der Vorstellungen von dem Dinge im Moment der früheren und der jetzigen Auffassung, bei den belebten Wesen, den Menschen nicht ausgenommen, ist es die Einheit der Organisation und der Lebensfunctionen, rücksichtlich unserer eigenen Persönlichkeit ist es der continuirliche Zusammenhang des Bewusstseins unserer eigenen Vorstellungen,

---

263) a. a. O. p. 244*a*, § 1. *Le vrai infini à la rigueur n'est que dans l'absolu qui est antérieur à toute composition, et n'est point formé par l'addition des parties.* § 2. *L'infini véritable n'est pas une modification, c'est l'absolu; au contraire, dès qu'on modifie, on se borne et forme un fini.* p. 244*b*. *L'idée de l'absolu est en nous intérieurement comme celle d'être. Ces absolus ne sont autre chose que les attributs de dieu, et on peut dire qu'ils ne sont pas moins la source des idées, que dieu est lui même le principe des êtres.*

woran die Vorstellung der Identität haftet, so dass namentlich in dem letzten Falle die Vorstellung des mit sich selbst identischen Ich nicht gebunden erscheint an die Identität der Substanz. Diese ganze Reihe von Erörterungen bestreitet Leibniz keineswegs als irrthümlich, in so fern sie sich auf die vorgestellte Einheit der Dinge und unserer eigenen Persönlichkeit beziehen; aber er tadelt die Genügsamkeit Locke's, dass er auf der Grundlage dieser vorgestellten Einheit nicht einen Schritt weiter zur Entscheidung über das Wesen der Sache selbst fortgehe. Er leugnet desshalb, dass die Dinge nur nach ihren räumlichen und zeitlichen Verhältnissen einerlei oder verschieden seien; es müsse in ihnen selbst ein Princip der Verschiedenheit und damit der Unterscheidbarkeit liegen; und während Locke mit einer gewissen Ironie die Bedeutung des sogenannten Princips der Individuation eben auf diese Gleichheit räumlicher und zeitlicher Verhältnisse beschränkt hatte, legt Leibniz auf die Anerkennung desselben im Sinne eines die Individualität der Dinge von innen heraus bestimmenden Princips ein grosses Gewicht.[264]) Dass für ihn dieses Princip der Individuation und der Identität der Dinge mit sich selbst in den mit der Materie verknüpften Entelechieen, in den Monaden liegt, würde sich von selbst verstehen, auch wenn er es nicht ausdrücklich ausspräche.[265]) Wenn er hinzufügt, dass ohne eine solche substanzielle Einheit die den Dingen beigelegte Einheit und Identität

---

264) a. a. O. p. 277*b*, § 2. *Il faut toujours qu'outre la différence du tems et du lieu, il y ait un principe interne de distinction.* § 3. *Le principe d'individuation revient dans les individus au principe de distinction dont je viens de parler.* Dann, nachdem er die bekannte Geschichte von dem zwei vollkommen identische Blätter vergeblich suchenden Edelmann erzählt hat, setzt er hinzu: *On voit par ces considérations negligées jusqu' ici, combien dans la philosophie on s'est éloigné des notions les plus naturelles et combien on a été éloigné des grands principes de la vraie métaphysique!* Als ob Locke in Gefahr gewesen sein würde, zwei an verschiedenen Zweigen gewachsene und überdies durch allerlei kleine Verschiedenheiten unterscheidbare Blätter ohne Hülfe des Princips der Individuation für identisch zu halten!

265) a. a. O. p. 278*a*. *L'organisation ou configuration sans un principe de vie subsistant, que j'appelle monade, ne suffirait pas pour faire demeurer idem numero ou le même individu . . . Quant aux substances, qui ont en elles mêmes une véritable et réelle unité substantielle, à qui puissent appartenir les actions vitales proprement dites, et quant aux êtres substantielles, quae uno spiritu continentur, comme parle un ancien jurisconsulte, c'est à dire qu'un certain esprit indivisible anime, on a raison de dire qu'elles demeurent parfaitement le même individu par cette ame ou cet esprit, qui fait le* m o i *dans celles qui pensent.*

nur eine scheinbare sei,[266]) so muss bemerkt werden, dass Locke die metaphysische Frage, ob und in welchem Sinne die Dinge eins sind, eigentlich gar nicht berührt und sich eben begnügt hatte, zu zeigen, dass die vorgestellte und den Dingen beigelegte Einheit über jene Frage nichts entscheide.

Gleichwohl behauptet Leibniz rücksichtlich der Identität der Person keineswegs, dass der Begriff des identischen Selbstbewusstseins die Identität der Seelenmonas einschliesse, sondern nur, dass die Thatsache der Identität des Ich mit sich selbst eine ausreichende Bürgschaft für diese darbiete. Dass das empirische Ich an die Continuität dessen, was in das individuelle Bewusstsein fällt, gebunden sei, gibt er nicht nur zu, sondern führt es auch in seiner Weise, geistreich wie immer, weiter aus; nur könne die unmittelbare Selbstauffassung rücksichtlich der Voraussetzung, dass der Identität des empirischen Ich eine identische Substanz zu Grunde liege, unmöglich täuschen; höchstens durch einen Act der göttlichen Allmacht, also durch ein Wunder, sei es möglich, dass bei einem Wechsel der Substanz die Identität des Selbstbewusstseins unangetastet bleibe.[267]) So ist es nicht eine Deduction aus

266) a. a. O. p. 278*b*. *Si on ne se rapporte point à l'ame, il n'y aura point la même vie ni union vitale non plus. Ainsi cette identité ne serait qu'apparente.*

267) a. a. O. p. 280*a*. *Il semble que vous tenez, que cette identité apparente se pourrait conserver, quand il n'y en aurait point de réelle. Je croirois que cela se pourrait peut-être par la puissance absolue de dieu, mais suivant l'ordre des choses l'identité apparente à la personne même, qui se sent la même, suppose l'identité réelle à chaque passage prochain, accompagné de réflexion ou de sentiment du moi, une perception intime et immédiate ne pouvant tromper naturellement. ... Il suffit pour trouver l'identité morale par soi même, qu'il y ait une moyenne liaison de consciosité d'un état voisin ou même un peu éloigné à l'autre, quand quelque saut ou intervalle oublié y seroit mêlé.* Es folgt eine Erläuterung durch Beispiele, dann fährt Leibniz p. 280*b* fort: *Pour ce qui est du soi, il sera bon de le distinguer de l'apparence du soi et de la consciosité. Le soi fait l'identité réelle et physique, et l'apparence du soi, accompagnée de la vérité, y joint l'identité personelle. Ainsi ne voulant point dire, que l'identité personelle ne s'étend pas plus loin que le souvenir, je dirais encore moins, que le soi ou l'identité physique en dépend. L'identité réelle et personelle se prouve le plus certainement qu'il se peut en matière de fait, par la réflexion présente et immédiate* cf. p. 279*a*. 284*a*. *J'avoue que si toutes les apparences étoient changées et transferées d'un esprit à un autre, ou si dieu faisoit un échange entre deux esprits, donnant le corps visible et les apparences et consciences de l'un à l'autre, l'identité personelle, au lieu d'être attachée à celle de la substance, suivroit les apparences constantes* u. s. w.

dem Begriffe der Persönlichkeit oder des Ich, sondern die Berufung auf eine Thatsache der innern Erfahrung, durch die sich Leibniz zu einer Voraussetzung berechtigt glaubt, welche Locke durch diese Thatsache für nicht hinlänglich gewährleistet gehalten hatte. Für Locke bleibt daher die Identität des Ich mit sich selbst lediglich ein empirisches Factum, welches für unsere Selbstauffassung an die Continuität der Zustände des Bewusstseins gebunden ist; für Leibniz ist diese Continuität eine Folge des Zusammenhangs, kraft dessen jeder spätere Zustand oder Thätigkeitsact der Seele durch ihre früheren bedingt ist;[268]) in der Sonderung des Begriffs vom Ich vom Begriff der Seelensubstanz stimmen beide überein.

XI.

So weit sich in dem Bisherigen bei grosser Uebereinstimmung in wichtigen Punkten ein principieller Gegensatz zwischen Locke und Leibniz gezeigt hat, bezieht sich derselbe durchaus auf metaphysische Fragen; und man könnte, weil Leibniz zu der Richtigkeit seiner Metaphysik die Zuversicht einer sehr lebhaften Ueberzeugung hat, Locke dagegen auf eigentliche Metaphysik Verzicht leistet, vielleicht sagen, dass beide in dieser Hinsicht unvergleichbar sind, wenn nur der Leibnizische Begriff der Substanz und der Kraft über das Wesen der Dinge und die Wirkungsart der von ihm den Erscheinungen vorausgesetzten Realprincipien ausgiebigere Belehrungen darböte, als der Fall ist und nicht in seiner Anwendung auf dieselbe Erfahrung zurückwiese, deren gegebene Formen Locke nicht sowohl als die Quelle, als vielmehr als die Schranke des Wissens ansah. Der weitere Verlauf der betreffenden Werke beider Denker gibt nun Veranlassung, ihr Verhältniss rücksichtlich solcher Fragen zu untersuchen, die sich direct auf die Fundamente, die Methoden und die Arten der Erkenntniss beziehen. Locke hatte diesen Untersuchungen eine Reihe von Unterscheidungen theils der Art, wie die Vorstellungen gedacht werden, theils ihrer Beziehung auf das, was durch sie gedacht wird, vorausgeschickt; es ist in dieser Beziehung an

---

268) a. a. O. p. 224*a*. *L'avenir dans chaque substance a une parfaite liaison avec le passé. C'est ce qui fait l'identité de l'individu.*

seine Unterscheidung klarer und deutlicher, vollständiger und unvollständiger, reeller und chimärischer oder phantastischer, wahrer und falscher Vorstellungen zu erinnern. Leibniz ist weit entfernt, diese Unterscheidungen zu verwerfen, aber er bestimmt sie zum Theil schärfer, zum Theil anders als Locke und diese Bestimmungen verdienen zuvörderst angegeben zu werden.

Die Locke'sche Unterscheidung klarer und deutlicher Vorstellungen (vgl. oben Anm. 115, 116) verwirft Leibniz als ganz ungenügend. Er schliesst sich vielmehr dem Sprachgebrauch der Cartesianischen Schule an, dem gemäss eine Vorstellung zugleich klar und verworren sein kann, wenn sie ausreicht, das Vorgestellte von anderem Vorgestellten zu unterscheiden, während ihre einzelnen Merkmale nicht gesondert von einander gedacht werden.[269]) Locke hatte dabei Unklarheit und Verworrenheit als Unangemessenheit an die für gewisse Vorstellungen und Vorstellungscomplexe in der Sprache schon festgestellten Zeichen erklärt. Leibniz, obwohl mit ihm über die scientifischen Nachtheile einverstanden, welche die Unbestimmtheit der sprachlichen Bezeichnung und die dadurch veranlasste Vieldeutigkeit und Confusion des mit diesen Sprachzeichen operirenden Denkens nach sich zieht,[270]) hebt hervor, dass Klarheit und Deutlichkeit einer Vorstellung nicht an die Art ihrer Bezeichnung, sondern an die Art gebunden ist, wie ihr Inhalt gedacht wird.[271]) Er findet darin die Veranlassung, den von Locke unbeachtet gelassenen Unterschied zwischen Bild und Begriff geltend zu machen. Locke hatte gesagt, dass eine und dieselbe Vorstellung von der einen Seite deutlich, von der andern verworren sein könne, wie wenn Jemand z. B. bei der Vorstel-

---

269) a. a. O. p. 288*b*. *Je dis qu'une idée est claire, lorsqu'elle suffit pour reconnaitre la chose et pour la distinguer; sans cela l'idée est obscure. Suivant cette notion, que vous donnez de l'idée distincte, je ne vois point le moyen de la distinguer de l'idée claire. C'est pourquoi j'ai coutume de suivre ici le langage de M. Descartes, chez qui une idée pourra être claire et confuse en même tems ... Ainsi quoique selon nous les idées distinctes distinguent l'objet d'un autre, néanmoins, comme les claires, mais confuses en elles-mêmes, le font aussi, nous nommons distinctes non pas toutes celles, qui sont bien distinguantes ou qui distinguent les objets, mais celles, qui sont bien distinguées, c'est à dire qui sont distinctes en elles-mêmes et distinguent dans l'objet des marques qui le font connaitre* u. s. w.

270) a. a. O. p. 290*b*, § 9. 291*a*, § 12.

271) a. a. O. p. 290*a*. *Il ne s'agit point des noms, mais des propriétés distinctes, qui se doivent trouver dans l'idée lorsqu'on en aura démêlé la confusion.*

lung eines Tausendecks, von dem er sich keine hinreichend deutliche Vorstellung machen könne, um es von einem Neunhundertundneunundneunzigeck zu unterscheiden, doch aus der deutlichen Vorstellung der Zahl 1000 Schlüsse ziehe. Die Undeutlichkeit, bemerkt Leibniz, gilt hier dem Bilde, nicht dem Begriffe des Tausendecks. Der Begriff kann deutlich, das Bild unklar und verworren, und umgekehrt das Bild klar und doch der Begriff undeutlich sein.[272])

Ebenso unterlässt Leibniz nicht die Unbestimmtheit zu rügen, deren sich Locke im Gebrauche der Bezeichnung: reelle Vorstellungen schuldig macht. Leibniz versteht unter Realität einer Vorstellung ihre logische Gültigkeit, d. h. eine Vorstellung ist reell, deren Bedeutung für das Denken durch keinen Widerspruch aufgehoben wird; Locke hatte darunter zugleich ihre empirische Gültigkeit verstanden, so dass für ihn der Widerspruch, mit welchem eine phantastische Vorstellung behaftet ist, entweder in einer prätendirten, aber nicht nachweisbaren Beziehung auf die Wirklichkeit oder in ihrem eigenen Inhalt liegt (vgl. oben S. 158). In seinen Ausdrücken hat es aber anfangs den Anschein, als werde die Realität einer Vorstellung abhängig gemacht lediglich von ihrer Beziehung auf die empirische Wirklichkeit, obwohl er später die Vorstellungen der Relationen und der gemischten *modi* gerade desshalb für reelle erklärt, weil sie keinen empirischen Vergleichungspunkt haben. Desshalb bemerkt nun Leibniz, eine Vorstellung könne in der Natur gegründet, also empirisch gültig sein, ohne mit dem, worin sie gegründet sei, übereinzustimmen; den Namen der Realität oder Gültigkeit verdiene sie nur dann, wenn sie möglich sei d. h. logische Gültigkeit habe, obgleich ihr nichts Existierendes entspreche.[273]) Damit falle auch der Unterschied zwischen Einbildungen und gültigen Vorstellungen, den Locke rücksichtlich der Vorstellungen der Dinge einerseits und der *modi* andererseits in ganz verschiedenem Sinne geltend mache; beziehe man die Rea-

272) a. a. O. p. 291*b*. *On confond ici l'idée avec l'image* u. s. w.

273) a. a. O. p. 292*b*. *L'idée peut avoir un fondement dans la nature, sans être conforme à ce fondement   Une idée aussi sera réelle quand elle est possible, quoiqu' aucun être existant n'y réponde.* p. 293*b*. *Les relations   et les modes mixtes .. soit qu'ils dépendent ou ne dépendent point de l'esprit, il suffit pour la réalité de leurs idées, que ces modes soient possibles ou, ce qui est la même chose, intelligibles distinctement. Et pour cet effet, il faut que les ingrédiens soient compossibles, c'est à dire qu'ils puissent consister ensemble.*

lität der Vorstellungen auf die Wirklichkeit, so lasse sich nie ganz genau bestimmen, ob eine Vorstellung reell oder eingebildet sei, denn, was noch nicht existiere, könne später zum Dasein kommen, und vieles existieren, wovon man nichts wisse.[274])

Rücksichtlich der Locke'schen Unterscheidung adäquater und inadäquater Vorstellungen bemerkt er, dass diese Unterscheidung vielmehr eine Unterabtheilung der Deutlichkeit der Vorstellungen sei.[275]) Er lehnt desshalb auch die Anwendung ab, welche Locke von diesem Unterschiede gemacht hatte; einfache Vorstellungen, wie sie uns die sinnlichen Empfindungen darbieten, sind niemals adäquat;[276]) Vorstellungen der *modi* und Substanzen dagegen können adäquat sein, wenn die den Begriff bildenden Theilvorstellungen die Möglichkeit des Gedachten begreiflich machen; in diesem Sinne haben die Substanzen so gut, als die *modi* ihr Maass an der Denkbarkeit des Gegenstandes.[277])

Bei der Wichtigkeit, welche die Feststellung des Beziehungspunktes und die Definition der Wahrheit für die Ansicht von der menschlichen Erkenntniss hat, weil alle Erkenntniss nach gar nichts Anderem strebt als nach Wahrheit, ist die grosse Kürze auffallend, mit welcher

---

274) a. a. O. p. 293*b*. *De cette manière, prenant le terme de réel et de chimérique autrement par rapport aux idées des modes, que par rapport à celles, qui forment une chose substantielle, je ne vois point quelle notion est commune à l'un et à l'autre cas; car les modes vous sont réels quand ils sont possibles, et les choses substantielles n'ont des idées réelles chez vous que lorsqu'elles sont existantes. Mais en se voulant rapporter à l'existence on ne sauroit guères déterminer, si une idée est chimérique ou non, parceque ce qui est possible peut avoir existé autrefois ou existera peut-être un jour* u. s. w.

275) a. a. O. p. 294*a*. *J'ai défini autrefois ideam adaequatam (une idée accomplie) celle qu'est si distincte que tous les ingrédiens sont distinctes et telle est à peu près l'idée d'un nombre. Mais lorsqu'une idée est distincte et contient la définition ou les marques réciproques de l'objet, elle pourroit être inadaequata ou inaccomplie, savoir lorsque ces marques ou ces ingrédiens ne sont pas aussi toutes distinctement connues. Chez moi la division des idées en accomplies ou inaccomplies n'est qu'une sousdivision des idées distinctes.*

276) a. a. O. *Il ne me parait point, que les idées confuses, comme celle que nous avons de la douceur, méritent ce nom; car quoiqu'elles expriment la puissance, qui produit la sensation, elles ne l'expriment pas entièrement ou du moins nous ne pouvons point le savoir* u. s. w.

277) a. a. O. p. 294*b*. *L'idée du triangle ou du courage a ses archetypes dans la possibilité des choses aussi bien que l'idée de l'or. Une idée, soit qu'elle soit celle d'un mode ou celle d'une chose substantielle pourroit être complette ou incomplette selon qu'on entend bien ou mal les idées partiales qui forment l'idée totale.*

Leibniz im 23. Capitel des zweiten Buchs die ziemlich ausführlichen Erörterungen Locke's über den Unterschied wahrer und falscher Vorstellungen mehr übergeht, als entweder bestreitet oder berichtigt. Locke hatte wahr und falsch für Prädicate nicht der Dinge, sondern der Vorstellungen erklärt, und zwar nicht isolirter Vorstellungen, sondern in so fern sie in der Form eines Satzes oder eines Urtheils rücksichtlich ihrer Einstimmung mit etwas Anderem gedacht werden. Ohne an dieser Stelle eine positive Entscheidung darüber auszusprechen, worin die Wahrheit eines Urtheils bestehe, hatte er die Fälle angegeben, in denen man in der Regel von Wahrheit oder Falschheit der Vorstellungen spreche, indem man das eigene Urtheil entweder mit den Vorstellungen Anderer, oder mit seinen eigenen Vorstellungen, oder mit der Wirklichkeit der Dinge vergleiche (vgl. oben S. 160). Leibniz fügt, ohne auf die Auseinandersetzung Locke's, in wie fern in diesen Fällen von Wahrheit gesprochen werden könne, einzugehen, nur die Worte hinzu (p. 294*b*): *Je crois qu'on pourrait entendre ainsi les vraies et les fausses idées; mais comme ces différens sens ne conviennent point entr' eux et ne sauroient être rangés commodement sous une notion commune, j'aime mieux appeller des idées vraies et fausses par rapport à une autre affirmation tacite, qu'elles renferment toutes, qui est celle de la possibilité. Ainsi les idées possibles sont vraies et les idées impossibles sont fausses.* Das Hauptgewicht dieser Bestimmung liegt in der bei Leibniz immer wiederkehrenden Berufung auf die Möglichkeit als Kriterium der Wahrheit, und es ist nothwendig sogleich hier die Art zu berücksichtigen, wie er sich der späteren definitiven Bestimmung Locke's über den Begriff und die Bedingungen der Wahrheit gegenüber ausspricht. Für Locke gibt es keine Wahrheit der Dinge, sondern nur eine Wahrheit der Urtheile oder allgemein der Gedanken. Wahr ist ihm ein Satz, wenn er eine den Verhältnissen des Gedachten entsprechende Verknüpfung und Trennung der Zeichen enthält (vgl. oben S. 181). Darin liegt, dass sich die Wahrheit zunächst auf die Verhältnisse der Begriffe und erst vermittelst dieser auf die wirklichen oder für wirklich gehaltenen Dinge bezieht, und es ist ein wesentlicher Grundzug seiner Lehre, dass sie die Wahrheit der Erkenntniss im strengen Sinne des Worts in das Gebiet verlegt, in welchem das Denken mit seinen eigenen Begriffen beschäftigt ist, aber ihm die Mittel abspricht, die Uebereinstimmung der Gedanken mit den Dingen positiv nachzuweisen. Leibniz, obgleich er mit den Ausdrücken der Locke'schen

Definition eines wahren Satzes nicht zufrieden ist,[278]) ist doch mit ihm vor Allem darüber einverstanden, dass Wahrheit und Falschheit Prädicate der Gedanken sind; den Ausdruck: metaphysische Wahrheit in dem Sinne, dass darin (etwa nach Art des Satzes: *omne ens est unum, verum, bonum*) die Wahrheit Prädicat des Seienden sei, erklärt er für einen unnützen und fast sinnlosen. Aber die Wahrheit soll in einer Uebereinstimmung der Sätze mit den Dingen, um die es sich handelt, bestehen, und nun setzt er auch hier hinzu, dass er die Sätze für wahr erkläre, welche die Möglichkeit des Gegenstandes der Vorstellung bejahen.[279]) Man muss sich fragen, was soll hier die Möglichkeit bedeuten? Bedeutet sie die blos logische Möglichkeit, so verbürgt diese weder die Wirklichkeit, noch viel weniger die Nothwendigkeit des Gedachten, und wenn Leibniz das blos nicht Undenkbare im Ernste auch schon für wahr erklären will, so begreift sich dies nur durch die Erinnerung daran, dass ihm das Mögliche als möglicherweise Seiendes allerdings eben so wohl für ein Seiendes galt als das Wirkliche; begegnet es ihm doch, dass er das Mögliche einmal geradezu das Wirkliche nennt (vgl. unten Anm. 288). Dächte man aber bei dieser logischen Möglichkeit an die aus hypothetisch angenommenen Möglichkeiten mit logischer Nothwendigkeit abgeleiteten Wahrheiten, wie die der reinen Mathematik durchaus sind, so liegt die Wahrheit derselben nicht in der blossen Möglichkeit der Voraussetzung, sondern in der Nothwendigkeit der Abfolge. Für diese kommt der Begriff des Möglichen nur in soweit in Betracht, als logische Nothwendigkeit Unmöglichkeit des Gegentheils ist, und in diesem Sinne sagt Leibniz (p. 309*a*): *la connaissance des possibilités et des nécessités (car nécessaire est, dont l'opposé n'est point possible) fait les sciences démonstratives.* Sollte jedoch die Möglichkeit die reale Möglichkeit bedeuten, so entbehrte die Frage darnach bei wirk-

278) a. a. O. p. 355*a*. *La convenance ou la disconvenance n'est pas proprement ce qu'on exprime par la proposition. Deux oeufs ont de la convenance, et deux ennemis ont de la disconvenance. Il s'agit ici d'une manière de convenir ou de disconvenir toute particulière. Ainsi je crois que cette définition n'explique point le point, dont il s'agit.*

279) a. a. O. p. 355*b*. *La vérité métaphysique est prise vulgairement par les métaphysiciens pour un attribut de l'être, mais c'est un attribut bien inutile et presque vide de sens. Contentons nous de chercher la vérité dans la correspondence des propositions, qui sont dans l'esprit, avec les choses, dont il s'agit. Il est vrai que j'ai attribué aussi la vérité aux idées en disant que les idées sont vraies et fausses; mais alors je l'entends en effet de la vérité des propositions, qui affirment la possibilité de l'objet de l'idée.*

lichen Dingen jedes Anknüpfungspunktes, bevor man ihre Wirklichkeit erfahren hat, und fällt dann mit der Untersuchung ihrer Bedingungen und Ursachen d. h. mit einem Denken über die gegebene Wirklichkeit zusammen, welches sich mit dem Versuche, ein ihm von dieser Wirklichkeit aufgegebenes Problem zu lösen, an sich selbst gewiesen findet, und die Wahrheit kann wenn irgendwo nur in dem nothwendigen Zusammenhang der Gedankenbestimmungen liegen, welche die Lösung des Problems enthalten. In beiden Fällen ist also der Begriff der Wahrheit, wie Locke es ausspricht, an die Verhältnisse des Gedachten gebunden; und wenn man sich die Berufung Leibniz's auf die Möglichkeit als Kriterium der Wahrheit entwickelt, so scheint zwischen beiden keine principielle Verschiedenheit in Beziehung auf den Begriff der Wahrheit obzuwalten, zumal da der Gegenstand, die Sache, mit welcher die Wahrheit übereinstimmen soll, bei Leibniz durchaus eben so den blos gedachten, als den wirklich gegebenen Gegenstand bezeichnet.

XII.

Locke hatte, um den Werth der in dem natürlichen Vorstellungskreis vorhandenen Erkenntnissformen zu prüfen, in den ersten Capiteln des dritten Buchs die Sprache als den Ausdruck dieses Vorstellungskreises, einer Erörterung unterzogen. Was Leibniz dazu bemerkt, hat zunächst durchaus keinen polemischen Charakter, sondern er benutzt diese Gelegenheit, um sich über diesen ihm selbst wichtigen und interessanten Gegenstand nicht ohne das Gefühl einer gewissen Ueberlegenheit über Locke zu verbreiten. Wenn er jedoch daran erinnert, die Affen hätten wahrscheinlich dieselben Sprachorgane wie der Mensch, ohne doch darum zu sprechen, und das zeige, dass zur Entstehung der Sprache noch etwas mehr gehöre, als diese Organe, so bedurfte Locke dieser Belehrung nicht.[280]) Ebenso, wenn Locke die Bedeutungen der Worte für willkührlich festgestellte erklärt und Leibniz in einer weitläuftigen, mit etymologischer Liebhaberei ausgeführten Nachweisung auseinandersetzt, dass natürliche Verhältnisse und zufällige Umstände den articulirten Lauten ihre Bedeutung gegeben hätten, und dabei auf eine lange Di-

280) L. III, ch. I, § 1; bei beiden.

gression über die Wichtigkeit der Sprachforschung für die Völkergeschichte eingeht,[281]) so zeigt sich darin zwar seine bewunderungswürdige Vielseitigkeit, aber das worauf es Locke ankam, dass die Sprache ein System von Zeichen für die Gedanken und ihre Configuration ist, wird dadurch eben so wenig berührt, als durch die Hervorhebung des für die Psychologie allerdings sehr wichtigen, aber auch von Locke nicht übersehenen Umstands, dass die Sprache nicht ausschliessend der Mittheilung, sondern auch der Reproduction und Fixirung der eigenen Gedanken dient.[282]) Nur die Erinnerung daran, dass die Entstehung der Sprache und die im Verlaufe ihrer Ausbildung stattfindende Uebertragung sinnlicher Bezeichnungen auf unsinnliche Verhältnisse nichts über die Begriffe, ihren Inhalt und ihre Verhältnisse entscheide, würde von Wichtigkeit sein,[283]) wenn nicht Locke selbst hierauf eben desshalb aufmerksam gemacht hätte, um zu zeigen, wie vielfach die »natürliche Ordnung« der Begriffe durch diese Art ihrer Bezeichnungen gestört und verwirrt wird.

Gleichwohl liegt hierin die Vorbereitung einer Polemik, die in den folgenden Capiteln über die allgemeinen Begriffe und den Erkenntnisswerth, den diese oder, was für Locke dasselbe ist, die sie bezeichnenden Worte in Anspruch nehmen können, hervortritt. Locke's Ansicht von den allgemeinen Begriffen reduciert sich im Wesentlichen auf folgende Sätze: 1) allgemeine Begriffe sind lediglich Producte der Reflexion und Abstraction und (wenigstens für den gewöhnlichen Gedankenlauf) ihrer Bedeutung nach an das Wort geknüpft; 2) sie sind zum grossen Theil willkührlich gebildete und bezeichnete Vorstellungscomplexe und diese ihnen anklebende Zufälligkeit erstreckt sich über den ganzen Gebrauch, der mittelst der Definitionen und Classificationen von ihnen gemacht wird, und eben desshalb sind sie 3) überall, wo es sich um die Erkenntniss der wirklichen Dinge handelt, ungenügend und unsicher, während da, wo die Reflexion durch gewisse Allgemeinbegriffe lediglich Producte des Denkens ohne Beziehung auf ein Wirkliches bezeichnet, eine Incongruenz zwischen dem Begriffe und dem, was er bezeichnen will, nicht stattfindet (vgl. oben S. 163 fgg.). Den Erörterungen Locke's über die

281) a. a. O. p. 299—302.

282) Vgl. a. a. O. p. 297*a*, § 2 mit Locke B. III, ch. IX, § 2.

283) a. a. O. p. 297*b*, § 5.

Entstehung allgemeiner Begriffe, in sofern sie gedacht werden, und ihre Unentbehrlichkeit für den Verkehr durch die Sprache versagt nun Leibniz seine Zustimmung nicht,[284]) und auf die anticipirende Bemerkung Locke's, das ganze Geheimniss der Gattungen und Arten, von denen man in den Schulen so viel Lärm gemacht habe, reduciere sich zuletzt auf die Feststellung mehr oder weniger abstracter Begriffe, denen man bestimmte Namen gebe, erwidert Leibniz abspringend, dass die Classification der Dinge denn doch von grosser Bedeutung sowohl für das Gedächtniss als für das Urtheil sei.[285]) Denn nicht diese Nützlichkeit der logischen Classificationen hatte Locke in Zweifel gezogen, sondern ihn beschäftigte die Frage, ob eine logisch geordnete Reihe von Begriffen das Wesen der Dinge ausdrücke, mit andern Worten: ob den Gattungen und Arten, nach welchen wir die Dinge classificieren, reelle Gattungen und Arten entsprechen, so dass unsere Classification die objective Ordnung dessen, was die Dinge sind, darstellen. Die folgenden Erörterungen haben zu zeigen, in welchem Sinne Leibniz geneigt ist, die Realität der Arten anzunehmen und ihre Erkenntniss durch Begriffe wenigstens annähernd für möglich zu halten, während Locke die Berufung auf die »specifischen Differenzen« und die damit prätendirte Erkenntniss der in der Natur vorausgesetzten Arten für illusorisch erklärt.

Sein Widerspruch beginnt bei dem Satze Locke's, dass eben desshalb, weil die Allgemeinheit des Begriffs ein Product der Reflexion und Abstraction sei, der allgemeine Begriff keine Bürgschaft dafür enthalte, Ausdruck der Wirklichkeit zu sein, wie sehr man auch das Wesen der Arten durch solche Allgemeinbegriffe erkannt zu haben gemeint habe. Leibniz leugnet diese Folgerung; die Allgemeinheit des Begriffs beruhe eben auf der Aehnlichkeit der einzelnen Dinge und diese Aehnlichkeit sei selbst eine Realität; und indem der die Ansicht Locke's vertretende Unterredner hinzufügt, Locke selbst bemerke, dass die Artbegriffe sich auf dergleichen Aehnlichkeiten gründen, erwidert Leibniz, eben darum könne man wenigstens versuchen, das Wesen der Gattungen und Arten durch allgemeine Begriffe zu bestimmen. Selbst wenn man zugebe, dass die menschliche Reflexion Begriffe und Benennungen fest-

---

284) Zu § 1—5 des 3. Capitels p. 303*a* bemerkt er: *Ces remarques sont bonnes et il y en a qui conviennent avec celles que je viens de faire.*

285) a. a. O. p. 304*a*, § 9.

stelle, die den Dingen nicht entsprechen, so ändere das nichts an den Dingen und ihren Aehnlichkeiten;[286]) aber während man nun die Weisung erwarten sollte, es komme darauf an, statt willkührlicher Abstractionen solche Allgemeinbegriffe zu bilden, die diesen Aehnlichkeiten entsprechen, spricht Leibniz zunächst die Erklärung aus, die ganze Frage nach dem Wesen und den dasselbe ausdrückenden Gattungs- und Artbegriffen beziehe sich überhaupt nicht auf das in der Natur vorliegende Wirkliche, sondern auf ein von unseren Gedanken unabhängiges Mögliche; gerade desshalb seien die Arten unvergänglich, weil es sich hier nur um Möglichkeiten handle.[287])

Von diesem Satze aus verwirft nun Leibniz die Locke'sche Unterscheidung zwischen dem nominellen und reellen Wesen (vgl. oben S. 165) als eine verwirrende Neuerung mit grossem Eifer. Er übersieht dabei, dass Locke sich dieser Ausdrücke nicht in dem Sinne, als gebe es zweierlei Arten von Wesen, sondern lediglich desshalb bedient hatte, um darauf aufmerksam zu machen, dass das, worin man den Ausdruck des Wesens zu finden wähne, nichts als ein durch ein Wort bezeichnetes Abstractum sei. Dennoch findet Leibniz nöthig zu bemerken, es gebe nicht zweierlei Wesen, sondern nur einerlei; und das Wesen sei im Grunde nichts Anderes, als die M ö g l i c h k e i t dessen, was Gegenstand der Untersuchung sei. Dieses Mögliche werde durch die Definition ausgedrückt; drücke die Definition es nicht aus, so sei sie eine blosse Nominaldefinition; denn dann bleibe der Zweifel übrig, ob sie etwas W i r k l i c h e s, d a s h e i s s e e t w a s M ö g l i c h e s, ausdrücke, bis die Erfahrung darüber entscheide, während eine Real- oder Causaldefinition die Realität des Gegenstandes begreiflich machen würde, indem sie seine Ursachen und mögliche Entstehung vor Augen lege. Die Dinge haben daher nur e i n Wesen, aber es sind verschiedene Definitionen von ihnen

286) a. a. O. p. 305*a*. *Je ne vois pas assez cette consequence. Car la généralité consiste dans la ressemblance des choses singulières entre elles et cette ressemblance est une réalité. Ph. J'allais vous dire moi même que ces espèces sont fondées sur les ressemblances. Th. Pourquoi donc n'y point chercher aussi l'essence des genres et des espèces. Si les hommes diffèrent dans le nom, cela change-t-il les choses ou leur ressemblances?*

287) a. a. O. p. 305*b*. *Au reste, que les hommes joignent telles ou telles idées ou non et même que la nature les joigne actuellement ou non, cela ne fait rien pour les essences, genres ou espèces, puisqu'il ne s'y agit que des possibilités qui sont indépendantes de notre pensée.* p. 306*b*. *Les espèces sont perpetuelles, parcequ'il ne s'y agit que du possible.* Vgl. oben Anm. 146.

möglich;[288]) und selbst eine blosse Nominaldefinition drücke immer noch etwas Reelles aus, nicht an sich, sondern als Ausdruck der Erfahrung, die uns eine Verknüpfung gewisser Eigenschaften und Wirkungen in den Dingen zeige, obwohl sie uns keine Erklärung dieser Verknüpfung darbiete.[289])

Hiermit ist jedoch die Streitfrage schwerlich entschieden; obwohl Locke den Unterschied zwischen Nominal- und Realdefinitionen nirgends geltend macht, so besagt doch seine Unterscheidung zwischen dem nominellen und reellen Wesen dasselbe, und Realdefinitionen sind eben das, was er vermisst. Es ist daher nöthig, der Art nachzugehen, in welcher Leibniz die Bestimmungen Locke's über den Erkenntnisswerth der allgemeinen Begriffe rücksichtlich der einfachen Vorstellungen, der gemischten *modi* und Relationen, endlich der Substanzen weiter verfolgt. In Beziehung auf die einfachen Vorstellungen geht er auf die Behauptung Locke's, dass bei ihnen der Name auch die Sache bezeichne, gar nicht ein; da er mehrmals hervorgehoben hatte, dass die sinnlichen Empfindungen mit Unrecht für objectiv einfach gehalten werden, und wir gleichwohl über die Art, wie sie entstehen, keine ausreichende Rechenschaft geben können, so durfte er diesen Punkt für erledigt halten. Dass er die von Locke geltend gemachte Beziehung auf äussere wirkliche Dinge für nicht nothwendig erklärt, ist hier ein Nebenpunkt;[290]) die Frage, in wie fern von einfachen Vorstellungen Definitionen möglich sind, beantwortet er dahin, dass das streng Einfache allerdings nicht

---

288) a. a. O. p. 305*b*. *L'essence dans le fond n'est autre chose que la possibilité de ce qu'on propose. Ce qu'on suppose possible est exprimé par la définition; mais cette définition n'est que nominale, quand elle n'exprime point en même tems la possibilité; car alors on peut douter, si cette définition exprime quelque chose de réel, c'est à dire de possible, jusqu' à ce que l'expérience vienne à notre secours pour nous faire connaitre cette réalité a posteriori, lorsque la chose se trouve effectivement dans le monde; ce qui suffit au défaut de la raison, qui ferait connaitre la réalité a priori en exposant la cause ou la génération possible de la chose définie ... Il n'y a qu'une essence de la chose, mais il y a plusieurs définitions qui expriment la même essence.*

289) a. a. O. p. 306*a*. *J'aimerois mieux de dire suivant l'usage commun reçu, que l'essence de l'or est ce qui le constitue et qui lui donne ces qualités sensibles, qui le font reconnaitre et qui font sa définition nominale. Cependant la définition nominale se trouve ici réelle aussi, non par elle même (car elle ne fait connaitre la possibilité ou la génération des corps), mais par l'expérience* u. s. w.

290) a. a. O. p. 307*a*, § 2.

definiert werden kann, dass aber bei dem, was für unsere Auffassung als einfach nur erscheint, Definitionen möglich sein würden.[291])

Rücksichtlich der *modi* und Relationen hatte Locke die Congruenz des Begriffs mit der Sache und somit ihre Erkennbarkeit durch allgemeine Begriffe behauptet. Leibniz ist natürlich weit entfernt, dies zu bestreiten, sondern es ist nur die von Locke behauptete Beliebigkeit dieser Begriffe, die er, wenn sie sich auch ausserhalb des wissenschaftlichen Denkens nicht wegleugnen lasse, innerhalb des letzteren zurückweist, indem es für dergleichen Begriffe eben so gut objective Maassstäbe gebe, als für Begriffe, die sich auf das Wirkliche im gewöhnlichen Sinne beziehen.[292])

Mit grosser Sorgfalt und Ausführlichkeit ist dagegen Leibniz bemüht, den Locke'schen Satz, dass wir das Wesen der Dinge (der Substanzen) durch die ihre Arten bezeichnenden Begriffe nicht erkennen, zu entkräften, und dennoch darf man bezweifeln, ob ihm dies durch ein anderes Mittel gelingt, als dadurch, dass er von der Strenge der Forderungen Locke's gerade das nachlässt, worauf es diesem ankam. Auf die Widerlegung des Hauptsatzes, dass wir kein anderes Mittel zur Bestimmung dessen, was die Dinge sind, haben, als die Auffassung ihrer erscheinenden Merkmale, und dass es ein Irrthum ist, die durch Zusammenfassung der gleichartigen Merkmale entstehenden Begriffe für solche zu halten, welche dem Wesen der Arten entsprechen (vgl. oben S. 168), geht er gar nicht ein; es stand für ihn fest, dass das Wesen der substanziellen Formen oder Entelechieen durch das, was sie wirken, wenn auch nur unvollkommen erkennbar ist; aber es ist fast eine Missdeutung, wenn er Locke gelegentlich die Meinung unterlegt, als hänge das Wesen und die Natur der Dinge von unseren Vorstellungen ab.[293]) Eben so unzweifel-

291) a. a. O. p. 308*a*. *b*.

292) a. a. O. p. 309*b*. *La remarque est bonne quant aux noms et quant aux coutumes des hommes, mais elle ne change rien dans les sciences et dans la nature des choses. .. Dans la science même, séparée de son histoire ou existence, il n'emporte point, si les peuples se sont conformés ou non à ce que la raison ordonne.* p. 310*b*. *Les patrons des idées des uns sont aussi réels que ceux des idées des autres. Il est vrai qu'on ne voit pas la justice comme un cheval, mais on ne l'entend pas moins, ou plutôt on l'entend mieux; elle n'est pas moins dans les actions, que la droiture et l'obliquité est dans les mouvemens, soit qu'on la considère ou non.*

293) a. a. O. p. 322*a*. *Je ne sais pourquoi on veut toujours chez vous faire dépendre de notre opinion ou connaissance les vertus, les vérités et les espèces. Elles sont*

haft ist es ihm auch, dass unsere Classificationen der Natur der Dinge wirklich entsprechen, wenn wir sie nur mit der gehörigen Vorsicht ausführen.[294]) Dass wir die Arten der Dinge nicht vollständig erschöpfen können, gibt er sehr bereitwillig zu;[295]) aber die Unvollkommenheit und Unangemessenheit unserer Classificationen erscheine minder gross, wenn man nur den Unterschied der Art im mathematischen d. h. im streng logischen, und im physischen Sinne beachte. Für die Art im ersteren Sinne bedingt jede, auch die geringste Differenz eine Verschiedenheit der Art; in diesem Sinne gehören niemals zwei Dinge zu e i n e r Art, ja selbst dasselbe Ding gehört in der Reihe seiner Veränderungen zu verschiedenen Arten. Aber bei der Aufstellung der physischen Arten bindet man sich nicht an diese Strenge; es hängt von uns selbst ab, zu sagen, dass ein Ding oder ein Körper zu derselben Art gehöre, wenn man ihn nur wieder unter derselben Gestalt darstellen kann; ein Verfahren, welches man auch da befolgt, wo man bei lebendigen Wesen die Arten nach der Fortpflanzungsfähigkeit bestimmt.[296]) Obwohl es nun

---

dans la nature, soit que nous le sachions et approuvions ou non. p. 319*a*. Vgl. oben Anm. 154.

294) a. a. O. p. 320*a*. *Si nous combinons les idées compatibles, les limites que nous assignons aux espèces sont toujours exactement conformes à la nature; et si nous prenons garde à combiner les idées, qui se trouvent actuellement ensemble, nos notions sont encore conformes à l'expérience; et si nous les considérons comme provisionelles seulement pour des corps effectifs, sauf à l'expérience faite ou à faire d'y decouvrir davantage, nous ne nous y tromperons pas.*

295) a. a. O p. 312*a*. *J'avois dessein ... de dire quelque chose d'approchant de ce que vous venez d'exposer, Monsieur; mais je suis aise d'être prévenu lorsque je vois qu'on dit les choses mieux que je n'aurais espéré de le faire.* p. 319*a*. *Je vous l'ai déja accordé (qu'on ne sauroit toujours assigner des bornes fixes des espèces); car quand il s'agit des fictions et de la possibilité des choses, les passages d'espèce en espèce peuvent être insensibles* u. s. w.

296) a. a. O. p. 312*b*. *Il y a quelque ambiguité dans le terme d'espèce ou d'être de différente espèce, qui cause t o u s c e s e m b a r r a s On peut prendre l'espèce m a t h é m a t i q u e m e n t et p h y s i q u e m e n t. Dans la rigueur mathématique la moindre différence qui fait que deux choses ne sont point semblables en tout fait qu'elles diffèrent d'espèce. De cette façon deux individus physiques ne seront jamais parfaitement semblables et qui plus est, le même individu passera d'espèce en espèce, car il n'est jamais semblable en tout en soi même au dela d'un moment. Mais les hommes établissant des espèces physiques, ne s'attachent point à cette rigueur et il dépend d'eux de dire qu'une masse qu'ils peuvent faire retourner eux mémes sous la première forme, demeure d'une même espèce en géneral. Ainsi nous disons que l'eau, l'or le demeurent, mais dans les corps organisés nous définissions l'espèce par la génération.*

in der Natur Aehnlichkeiten und Unterschiede gebe, die uns unbekannt sind, so werden doch die mit Beachtung der in der Natur erkennbaren Unterschiede aufgestellten Artunterschiede auch der Natur der Dinge entsprechen. Viele unserer Unterscheidungen mögen in dieser Beziehung nur einen provisorischen Werth haben; je mehr wir aber die Entstehung der Arten kennen lernen, desto mehr dürfen wir hoffen, der natürlichen Ordnung uns zu nähern;[297]) jedenfalls existieren die Arten in der Natur ganz unabhängig von unserer Erkenntniss derselben. Locke würde das Letztere vielleicht weder behauptet noch geleugnet haben; aber er würde haben fragen dürfen, theils, mit welchem Rechte Leibniz bei der Aufstellung der Arten im physischen Sinne etwas — unbestimmt wie viel — von der logischen Strenge aufgeopfert wissen will, theils, ob die dadurch gewonnenen Classificationen den Erkenntnissinhalt wirklich darbieten, den Locke vermisst. Wenn Leibniz sagt, bei der Aufstellung der physischen Arten halte man sich an die Erscheinungen, und stelle unter Weglassung der Accidenzen, d. h. der unwesentlichen Merkmale entweder einen bestimmten, aber nur provisorischen Artbegriff auf, oder man nehme, wo es sich um die innere Wahrheit handle, zu Vermuthungen seine Zuflucht, indem man für gewisse Classen der Dinge eine gemeinschaftliche Wesenheit voraussetze,[298]) so setzt die Unterscheidung

---

297) a. a. O. p. 313*a*. *Cependant quelques règlemens que les hommes fassent pour leurs dénominations pourvu que leur règlement soit suivi ou lié et intelligible, il sera fondé en realité et il ne sauront se figurer des espèces que la nature, qui comprend jusqu' aux possibilités, n'ait faites et distinguées avant eux.* p. 313*b*. *Nous pouvons dire que tout ce que nous distinguons ou comparons avec vérité, la nature le distingue ou le fait convenir aussi, quoiqu' elle ait des distinctions et des comparaisons que nous ne savons point et qui peuvent être meilleures que les nôtres Plus on approfondira la génération des espèces et plus on suivra dans les arrangemens les conditions, qui y sont requises, plus on approchera l'ordre naturel.* In dem was vorhergeht und folgt, weist er auf den Unterschied natürlicher und künstlicher Classificationen unter besonderer Rücksicht auf die Botanik mit einer für die damalige Zeit überraschenden Bestimmtheit hin. — Auf den nur provisorischen Werth der Bestimmung der physischen Arten macht er wiederholt aufmerksam z. B. p. 314*b*. Vgl. oben Anm. 249. Dass dergleichen provisorische Definitionen und Classificationen selbst in der Geometrie vorkommen können, erläutert Leibniz später gelegentlich an dem Beispiel der Perllinien, die man nicht sofort als eine Art cubischer Paralleloiden erkannt habe. *Si cela,* setzt er hinzu (p. 332*b*), *peut arriver en géométrie, s'étonnera-t-on qu'il est difficile de déterminer les espèces de la nature corporelle, qui sont incomparablement plus composées?*

298) a. a. O. p. 321*a*. *Physiquement parlant on ne s'arrête pas à toutes les variétés et l'on parle ou nettement, quand il ne s'agit pas que des apparences, ou con-*

wesentlicher und unwesentlicher Merkmale die Kenntniss des Wesens schon voraus und gerade dieses Wesen ist es, nach welchem Locke gefragt und für dessen Bestimmung er sich nicht mit einer im besten Falle immer wieder lediglich auf die gegebenen Erscheinungen gegründeten Voraussetzung hatte befriedigen lassen wollen. Wenn Leibniz mehr als einmal wiederholt, dass die natürlichen Arten wirklich existieren, gleichviel ob wir sie erkennen oder nicht erkennen,[299]) so handelte es sich für Locke eben um diese Erkenntniss; wirklich existierende Arten, deren specifische Differenzen unbekannt sind, bieten für eine dem Wesen der Arten entsprechende Classification eben nicht den geringsten Anhaltepunkt dar (vgl. oben S. 169). Und wenn Leibniz diese natürlichen Arten wohl auch lediglich für mögliche Aehnlichkeiten, oder für Möglichkeiten in der Aehnlichkeit erklärt, so würde Locke in Beziehung auf die vorliegende Frage in der Berufung auf die Möglichkeit schwerlich auch nur den kleinsten Aufschluss über die Räthsel der Wirklichkeit gefunden haben.

Die Bemerkungen Leibniz's zu den letzten drei Capiteln des dritten Buchs über die Unvollkommenheit der Sprache, den Missbrauch dersel-

---

jecturalement, quand il s'agit de la vérité intérieure des choses, en y présumant quelque nature essentielle et immuable, comme la raison est dans l'homme. On présume donc que ce qui ne diffère que par des changemens accidentels, est d'une même espèce. Il est vrai qu'on n'en sauroit juger précisement faute de connaitre l'intérieur des choses. Mais l'on juge provisionellement et souvent conjecturellement. Cependant lorsqu'on ne veut parler que de l'extérieur, de peur de ne rien dire que de sûr, il y a de la latitude; et disputer alors si une différence est spécifique ou non, c'est disputer du nom.

299) Hierher gehört auch die von Leibniz p. 325*b* geltend gemachte Unterscheidung zwischen *abstraits réels* und *abstraits logiques*. Wenn er übrigens p. 322*a* die Bestimmung der physischen Arten mit grösserer Strenge als in den eben angeführten Stellen von der Kenntniss des Wesentlichen und Unveränderlichen abhängig macht, die uns eben fehlt (p. 327*a l'essence intérieure est dans la chose, mais l'on convient, qu'elle ne saurait servir de patron*), so liegt darin eine Annäherung an Locke, die den Gegenstand des Streits fast verschwinden macht. *Entre les différences spécifiques purement logiques*, setzt er hinzu, *où la moindre variation de définition assignable suffit, quelqu' accidentelle qu'elle soit, et entre les différences spécifiques, qui sont purement physiques, fondées sur l'essentiel ou immuable, on peut mettre un milieu, mais qu'on ne saurait déterminer précisement; on s'y règle sur les apparences les plus considérables, qui ne sont pas tout à fait immuables, mais qui ne changent pas facilement, l'un approchant plus de l'essentiel, que l'autre; et comme un connoisseur aussi peut aller plus loin que l'autre, la chose paroit urbitraire et a du rapport aux hommes et il paroit commode de régler aussi les noms selon les différences principales.* Vgl. Locke B. III, ch. XI, § 19 24. 25.

ben und die Mittel, die dadurch bedingten Verkümmerungen der Erkenntniss zu beseitigen oder wenigstens zu vermindern, enthalten, abgesehen davon, dass er manche von Locke angeführte Beispiele, namentlich solcher Begriffe, auf welche sich die bisherigen Discussionen bezogen hatten, ablehnt, durchaus keine Polemik, sondern Zustimmung und Erläuterung. Namentlich insofern Locke eines der wesentlichsten Mittel, aus der Verworrenheit und Unbestimmtheit des gewöhnlichen in der Sprache sich ausdrückenden, aber auch unter den in der Sprache liegenden Unbestimmtheiten leidenden Gedankenkreises herauszukommen, in der Sorgfalt für genaue Begriffsbestimmungen und die damit zusammenhängende bestimmte Bedeutung der Worte sucht, stimmt ihm Leibniz ohne Rückhalt zu, indem er (p. 334*b*) sagt: *Tout revient sans doute aux définitions, qui peuvent aller jusqu' aux idées primitives.*

XIII.

In diesem Satze ist nun zugleich eine viel grössere Uebereinstimmung beider Denker über die Grundlage und die Methode der menschlichen Erkenntniss angedeutet, als man bei der Verschiedenheit ihrer Ansichten über metaphysische Fragen erwarten sollte. Gegen die Fundamentalbestimmung, mit welcher Locke das vierte Buch eröffnet, dass alle Erkenntniss sich zunächst auf das Verhältniss der Vorstellungen zu einander beziehe und in der Entscheidung über ihre Uebereinstimmung und Nichtübereinstimmung bestehe, erhebt Leibniz, wie schon bemerkt, keinerlei die Sache selbst berührende Einwendung. Denn wenn er erinnert, man nehme den Begriff der Erkenntniss auch noch in einem weiteren Sinne, indem man dabei lediglich den grösseren oder geringeren Reichthum des Vorstellungskreises berücksichtige, ohne nach seiner Wahrheit zu fragen,[300]) so legt er darauf selbst kein Gewicht. Die Locke'sche Definition der wahren Erkenntniss erkennt er ausdrücklich an; nur fügt er hinzu, es sei nicht allgemein richtig, dass diese Erkenntniss immer mit der inneren Wahrnehmung, dem Bewusstsein der Verhältnisse der Vorstellungen verbunden sei, wie z. B. bei allen empirischen

300) a. a. O. p. 336*a*.

Erkenntnissen;[301]) auch passe die Locke'sche Definition nur auf Sätze von kategorischer, nicht auf die von hypothetischer Form,[302]) eine Bemerkung, die sich von selbst erledigt, da die hypothetische Gedankenverknüpfung so gut, wie die kategorische, ein Urtheil über das Verhältniss der Begriffe enthält und es Locke nicht eingefallen war, Wahrheit und

---

301) a. a. O. p. 336*b*. *Prenant la connaissance dans un sens plus étroit comme vous faites ici, je dis qu'il est bien vrai, que la vérité est toujours fondée dans la convenance ou disconvenance des idées; mais il n'est point vrai généralement, que notre connaissance de la vérité est une perception de cette convenance ou disconvenance. Car lorsque nous ne savons la vérité qu'empiriquement, pour l'avoir expérimentée, sans savoir la connexion des choses et la raison, nous n'avons point de perception de cette convenance ou disconvenance, si ce n'est qu'on l'entende que nous la sentons confusément sans nous en appercevoir.* Locke hätte wohl fragen dürfen, ob die Kenntniss einer empirischen Thatsache ohne jedes Bewusstsein über das Verhältniss der sie bezeichnenden Vorstellungen überhaupt möglich sei oder wenigstens eine Erkenntniss genannt werden könne. — Den für die Sache selbst sehr unwichtigen Unterschied zwischen actueller und habitueller Erkenntniss (vgl. oben Anm. 160) erkennt Leibniz ebenfalls an, und verbreitet sich über ihn ziemlich ausführlich; es geht aber dabei nicht ohne ein starkes Missverständniss ab. Locke hatte gesagt (B. IV, ch. I, § 9): *The immutability of the same relations between the same immutable things is the idea that shews him, that if the tree angles of a triangle were once equal to two right ones, they will always be equal to two right ones. And hence he comes to be certain, that what was once true in the case, is always true; what ideas once agreed, will always agree and consequently what he once knew to be true, he will always know to be true. Upon this ground it is, that particular demonstrations in mathematics afford general knowledge. If the perception, that the same ideas will eternally have the same habitudes and relations, be not a sufficient ground of knowledge, there could be no knowledge of general propositions in mathematics.* Darauf findet Leibniz (p. 338*b*) nöthig zu erwidern: *Je ne demeure point d'accord qu'en mathématique les demonstrations particulières sur la figure qu'on trace, fournissent cette certitude générale, comme vous semblez le prendre. Car il faut savoir que ce ne sont pas les figures, qui donnent la preuve chez les géomètres; ce sont les propositions universelles, c'est à dire, les axiomes et les théorémes déja démontrés qui font le raisonnement.* In der That eine sehr unnöthige Belehrung, da die *particular demonstrations* bei Locke auf den besondern Fall gehen, in welchem Jemand einen mathematischen Beweis eingesehen hat, nicht auf die particulare Gültigkeit des Beweises selbst, und Leibniz anderwärts z. B. selbst darauf aufmerksam macht, dass die Veranschaulichung durch Figuren und die Controle der Erfahrung wichtige Hülfsmittel des mathematischen Denkens sind. Vgl. p. 343*a*, 349*b*.

302) a. a. O. p. 337*a*. *Enfin j'ai encore une remarque à faire sur votre définition; c'est qu'elle paroit seulement accommodée aux vérités catégoriques, mais il y a encore une connaissance des vérités hypothétiques; ainsi il peut y entrer plus que deux idées.*

Erkenntniss auf das Verhältniss von blos zwei Vorstellungen zu beschränken.

Für die vier Classen von Fällen, in welchen das Denken über die Uebereinstimmung und Nichtübereinstimmung der Vorstellungen eine Entscheidung zu treffen Veranlassung findet, stellt Leibniz eine bessere Anordnung nach einem, jedoch von Locke selbst angedeuteten Gesichtspunkte (vgl. oben Anm. 163) auf. Wo es sich um Uebereinstimmung oder Nichtübereinstimmung der Vorstellungen handle, sei der allgemeinste Begriff der der Beziehung oder des Verhältnisses; und das Verhältniss sei ein Verhältniss entweder der Vergleichung oder der Verknüpfung. Der erstere Fall ergebe Identität oder Nichtidentität; zu dem zweiten gehöre, was Locke Coëxistenz nenne. Dazu gehöre im Grunde auch die Existenz; denn wo man sage ein Ding existiert, verknüpfe sich der Begriff des Seins mit der Vorstellung des Gegenstandes; ja man könne sagen, dass die Existenz eine Verknüpfung des vorgestellten Objects mit dem vorstellenden Subject bezeichne. Alle Verhältnisse seien also Verhältnisse entweder der Vergleichung oder der Verknüpfung, von denen aber die der Identität und der Existenz besonders hervorgehoben zu werden verdienen.[303])

Wichtiger als diese Correctur ist jedenfalls, dass Leibniz gegen den für die verschiedenen Arten der Erkenntniss wesentlich maassgebenden Unterschied zwischen intuitiver und demonstrativer Erkenntniss nicht den allermindesten Einwurf macht, was nicht zu verwundern ist, da er selbst ganz unabhängig von Locke die ganze Methodik des wissenschaftlichen Denkens gerade hieran geknüpft hatte. Die Verschiedenheit beider Denker besteht lediglich darin, dass Leibniz auf die strenge Form des logischen Denkens einen viel grösseren Werth legt als Locke, und keineswegs damit einverstanden ist, dass identische Sätze, allgemeine

---

303) a. a. O. p. 337a. *Je crois qu'on peut dire, que la liaison n'est autre chose que le rapport ou la relation prise généralement. Tout rapport est ou de comparaison ou de concours. Celui de comparaison donne la diversité et l'identité Le concours contient ce, que vous appellez coëxistence c'est à dire connexion d'existence. Mais lorsqu'on dit, qu'une chose existe, cette existence même est le prédicat, c'est à dire, elle a une notion liée avec l'idée, dont il s'agit et il y a connexion entre ces deux notions. On peut aussi concevoir l'existence de l'objet d'une idée, comme le concours de l'objet avec moi. Ainsi je crois qu'on peut dire, qu'il n'y a que comparaison ou concours, mais que la comparaison, qui marque l'identité ou diversité et le concours de la chose avec moi sont les rapports, qui meritent d'être distingués parmi les autres.*

lediglich analytische Urtheile und die Anwendung der Formen des Syllogismus für die Erkenntniss so unfruchtbar seien, als Locke meint.

Dies verräth sich sogleich in der Sorgfalt, mit welcher er den Begriff und den Umfang der intuitiven Erkenntniss zu bestimmen sucht. Es gibt, sagt er, zwei Arten primitiver, unvermittelter Wahrheiten, Vernunftwahrheiten und thatsächliche Wahrheiten; jene sind nothwendig (im Sinne des begriffsmässigen Denkens), diese zufällig. Die primitiven Vernunftwahrheiten sind aber lediglich die identischen Sätze, und diese sind entweder positiv oder negativ; die logischen Sätze der Identität und des Widerspruchs nehmen unter ihnen eine der wichtigsten Stellen ein.[304]) Auf die Nachweisung, dass alle demonstrative Erkenntniss in letzter Instanz auf solche identische Sätze zurückgeführt werden müsse, legt er ein so grosses Gewicht, dass er nicht nur eine grosse Anzahl solcher Sätze beispielsweise anführt, sondern auch die Beziehung derselben auf die Ableitung der Schlussfiguren als der Formen des demonstrativen Denkens ausführlich darlegt.[305]) — Für die primitiven factischen Wahrheiten erklärt er die unmittelbaren Thatsachen der innern Erfahrung; in den Beispielen, die er dafür anführt, beschränkt er sich hier streng auf das, was wirklich Thatsache der innern Erfahrung ist. — Beide Classen primitiver Wahrheiten haben das mit einander gemein, dass man nicht im Stande ist, sie durch irgend etwas zu beweisen, was gewisser wäre als sie selbst.[306])

Gründet sich alles demonstrative Wissen zuletzt auf identische Sätze als den unmittelbaren und unabweisbaren Ausdruck des Verhältnisses der Begriffe selbst,[307]) so begreift sich die Ausführlichkeit, mit wel-

---

304) a. a. O. p. 338*b*. *Les vérités primitives qu'on sait par intuition, sont de deux sortes comme les dérivatives. Elles sont du nombre des vérités de raison et des vérités de fait. Les vérités de raison sont nécessaires et celles de fait sont contingentes. Les vérités primitives de raison sont celles, que j'appelle d'un nom général les identiques, parce qu'il semble qu'elles ne font que répéter la même chose, sans nous rien apprendre. Elles sont affirmatives ou négatives.* Vgl. p. 360*a*.

305) a. a. O. p. 339. 340.

306) a. a. O. p. 340*b*. *Pour ce qui est des vérités primitives de fait, ce sont les expériences immédiates internes d'une immédiation du sentiment. On voit que toutes les vérités primitives de raison et de fait ont cela de commun, qu'on ne saurait les prouver par quelque chose plus certaine.*

307) Dass es für Leibniz wesentlich auf das Verhältniss der Begriffe, also auf den Inhalt derselben ankam, zeigen u. A. Auseinandersetzungen wie p. 380*a*—382. Selbst

cher Leibniz die scientifische Unentbehrlichkeit der Axiome gegen die Locke'sche Behauptung ihrer Werthlosigkeit darlegt. Locke hatte zu zeigen gesucht, dass die Entscheidung über Identität und Nichtidentität der Begriffe sich dem Denken in jedem einzelnen Falle unmittelbar aufdringe und dass es dazu nicht erst der Subsumtion unter ein in der Form eines allgemeinen Satzes gedachtes Axiom bedürfe. Diese Thatsache gibt Leibniz vorläufig zu, wiewohl er durch Beispiele aus der Mathematik darauf aufmerksam macht, wie leicht man rücksichtlich der Nichtidentität gewisser Begriffe Irrthümern ausgesetzt sei;[308]) aber er leugnet auf das Entschiedenste die von Locke behauptete Entbehrlichkeit der Axiome für allgemeine wissenschaftliche Untersuchungen. Es mag richtig sein, dass unmittelbare Urtheile über Einzelnes sich früher aufdringen, als allgemeine Sätze und dass Erfindung und Unterricht an ihnen ihren Leitfaden finden; es handelt sich aber hier nicht um die Geschichte, sondern um die Begründung des Wissens, und dieses Wissen selbst verliert ohne die Grundlage allgemeiner, unmittelbar gewisser Sätze den Charakter der Allgemeinheit und Nothwendigkeit.[309]) Er lässt sich daher die Mühe nicht verdriessen, an der Auflösung einer Gleichung und dem ausführlichen Beweise des Satzes: 2 . 2 = 4, die Nothwendigkeit des Zurückgehens auf allgemeine Axiome und den Unterschied einer nur particulären von einer allgemeinen Auflösung einer mathematischen Aufgabe vor Augen zu legen.[310]) Dass die Berufung auf die

---

für den Satz: ich bin, ist er (p. 362*b*) nicht abgeneigt, die Bezeichnung eines Axioms fallen zu lassen, *car c'est une proposition de fait, fondée sur une expérience immédiate et ce n'est pas une proposition nécessaire, dont on voie la nécessité dans la convenance des idées.* Vgl. p. 373*a*, § 2.

308) a. a. O. p. 360*b*.

309) a. a. O. p. 362*b*. *Il ne s'agit pas ici de l'histoire de nos découvertes, qui est différente en différens hommes, mais de la liaison et de l'ordre naturel des vérités, qui est toujours le même.* p. 364*a*. *Si l'inventeur ne trouve qu'une vérité particulière, il n'est inventeur qu'à demi* u. s. w. p. 382*a*. *Si vous voulez que cette liaison des idées se voie et s'exprime distinctement, vous serez obligé de recourir aux définitions et aux axiomes identiques, comme je le demande, et quelquefois vous serez obligé de vous contenter de quelques axioms moins primitifs, lorsque vous aurez de la peine à parvenir à une parfaite analyse.*

310) a. a. O. p. 361. 363. — Wie weit gleichwohl Leibniz von der Pedanterei entfernt war, die minutiöse Darlegung des logischen Zusammenhangs jedes Theorems mit seinen Gründen in allen einzelnen Theilen zu verlangen, zeigen Auseinandersetzungen wie p. 342, 367, 368*a*, 396.

Axiome nur bei der Widerlegung falscher Meinungen von Nutzen sei, erklärt er, abgesehen davon, dass dies gar nicht so unwichtig sein würde, mit Berufung auf die Geometrie einfach für falsch.[311]) Ueberhaupt gibt der ironische Ton, mit welchem Locke darauf hinweist, dass die Berufung auf solche Axiome lediglich der unfruchtbaren Disputirsucht der Schulen Nahrung gegeben habe, Leibniz zu einer langen Reihe modificierender und berichtigender Bemerkungen Veranlassung, die die Absicht haben zu zeigen, dass die Axiome selbst an diesem Missbrauch unschuldig und trotzdem die unentbehrlichen Grundlagen des erkennenden Denkens sind.[312]) Gilt dies selbst von identischen Sätzen, so werden auch Sätze, die ein bestimmtes Merkmal eines schon bekannten Begriffs ausdrücklich hervorheben und somit einen Theil des Inhalts des Begriffs wiederholen, nicht werthlos sein; sie bieten der Reflexion Haltepunkte dar, deren sie für bestimmte Untersuchungen nicht entbehren kann.[313])

Mit derselben Sorgfalt, wie auf die Axiome, geht Leibniz auf Locke's Erörterungen über die syllogistischen Formen des Denkens ein. Man muss sich dabei erinnern, dass Locke diese nicht für falsch, aber die Anwendung derselben für ziemlich unfruchtbar erklärt hatte, wo es sich um eine Erweiterung des Wissens handle. Leibniz ist damit ganz und gar nicht einverstanden. Er beginnt seine Erwiderung mit dem Zugeständniss, dass Locke's Auseinandersetzung eine Menge triftiger und guter Bemerkungen enthalte; gleichwohl gesteht er, dass er die Entdeckung der syllogistischen Formen für eine der schönsten und wichtigsten halte. Er erklärt die Logik für eine Art universeller Mathematik, für eine Kunst der Unfehlbarkeit, vorausgesetzt, dass man ihre Weisungen richtig anwende.[314]) Die Gesetze der Logik sind allerdings nur die

311) a. a. O. p. 370*b*. *Comptez vous cela pour rien, et ne reconnoissez-vous pas que réduire une proposition à l'absurdité, c'est demontrer sa contradictoire?* — p. 363*b*. *On ne sauroit se passer des axiomes identiques en géométrie, comme par exemple du principe de contradiction.*

312) a. a. O. p. 367*b*, 368*a*.

313) a. a. O. p. 371 erläutert dies Leibniz an mehreren Beispielen.

314) a. a. O. p. 395*a*. *Votre raisonnement sur le peu d'usage des syllogismes est plein de quantité de remarques solides et belles. Et il faut avouer que la forme des syllogismes est peu employée dans le monde et qu'elle seroit trop longue et embrouilleroit si on la vouloit employer sérieusement. Et cependant le croiriez-vous? je tiens que l'invention de la forme des syllogismes est une des plus belles de l'esprit humain, et même des plus*

Gesetze des gesunden Menschenverstands und unterscheiden sich von diesen, wie geschriebenes Recht vom Gewohnheitsrecht; aber der gesunde Menschenverstand ohne Bewusstsein der Regel würde über den Zusammenhang und die Richtigkeit der Folgerungen oft im Unsichern bleiben.[315]) Die ganze lange Erörterung hierüber, in welcher er sogar speziell auf die einzelnen syllogistischen Figuren eingeht, beschliesst er mit der Erklärung, dass die scholastische Form der Argumentation oft unbequem, ungenügend, übelangebracht gewesen, dass aber gleichwohl nichts wichtiger sei, als die Kunst, Folgerungen nach den Gesetzen der Logik formell zu vollziehen, d. h. vollständig rücksichtlich des Stoffs und deutlich rücksichtlich der Ordnung und des Zusammenhangs.[316])

Findet zwischen beiden Denkern rücksichtlich der intuitiven und der demonstrativen Erkenntniss eine Meinungsverschiedenheit nicht über das Wesen derselben statt, sondern lediglich über die bewusstvolle Anwendung der allgemeinen Gesetze, nach welchen namentlich die letztere zu Stande kommt, so ist Leibniz endlich auch keineswegs abgeneigt, die sinnliche Erkenntniss d. h. das Fürwahrhalten der Voraussetzung der Existenz der sinnlich wahrgenommenen Dinge unter die Arten der Erkenntniss aufzunehmen. Er wiederholt in seinem eigenen Namen, was Locke gesagt hatte, dass im strengen metaphysischen Sinne es nicht geradezu unmöglich sei, dass die uns umgebende Sinnenwelt nur ein Traum sei; eine solche Annahme sei aber gleichwohl so unvernünftig, als die, dass der Text eines Buchs durch zufälliges Schütteln der Lettern entstanden sei;[317]) die Gewissheit der Existenz der sinnlichen Welt

---

considerables. C'est une espèce de mathématique universelle, et l'on peut dire, qu'un art d'infaillibilité y est contenu, pourvu qu'on sache et qu'on puisse s'en bien servir.

315) a. a. O. p. 396*a*. *Les loix de la logique ne sont autres que celles du bon sens, mises en ordre et par écrit et qui n'en diffèrent pas d'avantage que la coutume d'une province diffère de ce qu'elle avoit été, quand de non-écrite elle est devenue écrite.*

316) a. a. O. p. 397*a*. *Pour conclure, j'avoue que la forme d'argumenter scolastique est ordinairement incommode, insuffisante, mal menagée, mais je dis en même tems, que rien ne seroit plus important, que l'art d'argumenter en forme selon la vraie logique, c'est à dire, pleinement quant à la matière, et clairement quant à l'ordre et à la force des conséquences, soit évidentes par elles mêmes, soit prédémontrées.* — Mit der Bemerkung Locke's, dass die hergebrachte Stellung der Prämissen nicht die natürliche ist, ist Leibniz einverstanden (vgl. p. 398*b*); die Behauptung, dass ein Syllogismus concludent sein könne, ohne dass eine der beiden Prämissen allgemein sei, widerlegt er p. 398*a*, § 8.

317) a. a. O. p. 344*a*. *Il n'est point impossible, métaphysiquement parlant, qu'il y ait un songe suivi et durable* u. s. w.

beruhe auf der Verknüpfung der Ereignisse, zu der er auch ausdrücklich die übereinstimmende Erfahrung verschiedener Menschen rechnet.[318])

In der Beurtheilung der Schranken der Erkenntniss ferner, welche Locke aus der Definition derselben abgeleitet hatte, ist die Bemühung Leibniz's nicht darauf gerichtet, die allgemeinen Gesichtspunkte, nach welchen Locke jene Schranken bestimmt hat, als unpassend abzulehnen, sondern vielmehr darauf, an einzelnen Beispielen darzuthun, dass im Gebiete des Wissens entweder schon mehr erreicht sei, als Locke zugeben wolle, oder wenigstens mehr erreicht werden könne. Er bestreitet nicht den Hauptsatz Locke's, dass unsere Erkenntniss nicht nur an den Umfang unserer Vorstellungen, sondern auch an die Einsicht in die Verhältnisse derselben gebunden sei; aber er macht sehr ausführlich auf die Kunstgriffe des Denkens aufmerksam, durch welche es der Mathematik gelingt, verwickelte Probleme zu lösen, und benutzt die skeptischen Erörterungen Locke's über die Frage, ob die Materie denken könne, zu einer Darlegung seiner eigenen Lehre vom Wesen der Seele und der prästabilirten Harmonie.[319])

Auch die Anwendung dieser allgemeinen Grenzbestimmungen auf die einzelnen Gebiete der Erkenntniss (vgl. oben S. 175) gibt ihm Veranlassung zu einer Reihe von Erläuterungen, die sich den Resultaten Locke's bei weitem mehr anschliessen, als ihnen widersprechen. Dass die Vorstellungen der sinnlichen Qualitäten verworrene Vorstellungen sind, und dass diese Verworrenheit sich auch auf unsere Vorstellung der Kräfte überträgt, welche die sinnlichen Empfindungen hervorbringen, dass wir daher über diese Zusammenhänge nicht mehr wissen, als die auf bestimmte Begriffe zurückgeführte Erfahrung uns lehrt,[320]) besagt

---

318) a. a. O. *Je crois que le vrai criterion en matière des objets des sens est la liaison des phénomènes, c'est à dire la connexion de ce qui se passe en différens lieux et tems, et dans l'expérience de différens hommes, qui sont eux mêmes les uns aux autres des phénomènes très importans sur cet article.* — p. 378b schlägt er vor, diese Art des Fürwahrhaltens durch das Wort Gewissheit (*certitude*) von der Evidenz der intuitiven und demonstrativen Erkenntniss zu unterscheiden.

319) a. a. O. p. 345b—348a.

320) a. a. O. p. 348b, § 8. *Les idées des qualités sensibles sont confuses, et les puissances, qui les doivent produire, ne fournissent aussi par conséquent que des idées ou il entre du confus: ainsi on ne saurait connaitre les liaisons de ces idées autrement que par l'expérience qu'autant qu'on les réduit à des idées distinctes, qui les accompagnent.*

nichts als was Locke selbst behauptet, obgleich dieser die Empfindungen als (subjectiv) einfache Erfolge eines uns unbekannten Causalzusammenhangs bezeichnet hatte; dem Satze Locke's, dass die Mathematik das grosse Gebiet sei, in welchem sich ein strenges Wissen immer mehr ausbreiten könne, ohne ausschliessend auf Grössenverhältnisse beschränkt zu sein, zollt er eine stark accentuirte Anerkennung, und wenn er bei dieser Gelegenheit eine kurze Andeutung seiner eigenen metaphysischen Lehren mit der Erklärung hinzufügt, in alle dem sei nichts, was er nicht für demonstrirt oder demonstrabel halte,[321]) so ändert die Frage, ob Locke dies zugegeben haben würde, nichts an den Grundsätzen und Methoden, an denen Leibniz selbst die wahre Erkenntniss gemessen wissen wollte. Obgleich dieser seine Hoffnungen auf die Fortschritte der Erkenntniss lebhafter ausdrückt, als Locke, so ist es doch bezeichnend, dass er in derselben Art wie Locke eine Erweiterung des Wissens über die wirkliche Welt lediglich von einer fortschreitenden Erfahrung, die uns mehr als ausreichende Data für die Erkenntniss darzubieten im Stande sei, und von der Anwendung der Mathematik auf diese Data erwartet.[322])

So ist denn die Erfahrung für Leibniz so gut wie für Locke für die mögliche Erkenntniss der Wirklichkeit der unentbehrliche Anknüpfungspunkt, indem sie allein die Data der Untersuchung darzubieten vermag, und für Locke gibt es so gut wie für Leibniz ein Gebiet eines nothwendigen und allgemeingültigen, von der Erfahrung unabhängigen Wissens, ein Gebiet ewiger Wahrheiten, welches sich in den Verhältnissen und Beziehungen der Begriffe eröffnet (vgl. oben S. 178). Das, was für beide in letzter Instanz über Wahrheit und Irrthum entscheidet, ist der Inhalt des Gedachten selbst. Denn auch bei Leibniz gibt es für die Nothwendigkeit der Erkenntniss, um deren willen er sich auf angeborne Begriffe

321) a. a. O. p. 348*b*, § 18.

322) a. a. O. p. 350*b*. — p. 351*a*. *Je crois bien que nous n'irons jamais aussi loin, qu'il saurait à souhaiter; cependant il me semble qu'on fera quelques progrès considérables avec le tems dans l'explication de quelques phénomènes, parceque le grand nombre des expériences, que nous sommes à portée de faire, nous peut fournir des data plus que suffisans, de sorte qu'il manque seulement l'art de les employer, dont je ne désespère point qu'on poussera les petits commencemens depuis que l'analyse infinitesimale nous à donné le moyen d'allier la géométrie à la physique et que la dynamique nous à fourni les loix générales de la nature.*

berufen zu müssen glaubt, zuletzt keinen andern Haltepunkt als diesen Inhalt der Begriffe. Seine wiederholte Berufung darauf, dass die Möglichkeit eines Begriffs das Kriterium seiner Wahrheit sei, hat nur unter dieser Voraussetzung einen verständlichen Sinn und an der Stelle, wo Locke den Begriff ewiger Wahrheiten einführt und bestimmt, bemerkt Leibniz, dass diese im Grunde sämmtlich die bedingte Form haben: gesetzt, es sei *A*, so ist *B*,[323]) wodurch jede Entscheidung über dieselben auf das von dem Inhalt abhängige Verhältniss der Begriffe zurückgewiesen wird.

Nun geht zwar Leibniz hier, wie anderwärts, noch einen Schritt weiter. Wo sind denn, könne man fragen, die Begriffe, wenn kein sie denkender Geist existiert und wo ist ohne einen solchen die Grundlage dieser Gewissheit der ewigen Wahrheiten? Die Antwort ist, dies weise zurück auf Gott, dessen Intelligenz die Region der nothwendigen und ewigen Wahrheiten sei, die vor der Existenz der zufälligen Dinge in ihr als Gesetze des Universums enthalten seien.[324]) Statt dessen findet sich bei Locke rücksichtlich der Hülfsmittel der menschlichen Erkenntniss nur die Hinweisung auf die weisen und gütigen Einrichtungen und Anordnungen Gottes; aber auch für Leibniz, obwohl er das reelle Urbild der intelligibeln wie der sinnlichen Welt in der göttlichen Intelligenz voraussetzt, gibt es kein anderes Mittel der Erkenntniss der Wahr-

---

323) a. a. O. p. 379*b*. *Pour ce qui est des vérités éternelles, il faut observer, que dans le fonds elles sont toutes conditionnelles et disent en effet: telle chose posée, telle autre chose est. Les scolastiques ont fort disputé de constantia subjecti, comme ils l'appellaient, c'est à dire, comment la proposition faite sur un sujet peut avoir une vérité réelle, si ce sujet n'existe point. C'est que la vérité n'est que conditionnelle et dit, qu'en cas que le sujet existe jamais on le trouvera tel. Mais on demandera encore, en quoi est fondée cette connexion, puisqu' il y a de la réalité là dedans qui ne trompe pas? La réponse sera, qu'elle est dans la liaison des idées.* p. 353*a*. *Le fondement de notre certitude à l'égard des vérités universelles et éternelles est dans les idées mêmes; et le fondement de la vérité des choses contingentes et singulières est dans le succes, qui fait que les phénomènes des sens sont liés justement, comme les vérités intelligibles le demendent.*

324) a. a. O. p. 379*b*. *Mais, on demandera, ou seroient ces idées, si aucun esprit n'existoit et que deviendroit alors le fondement réel de cette certitude des vérités éternelles? Cela nous mène enfin au dernier fondement des vérités, savoir à cet esprit suprême et universel qui ne peut manquer d'exister, dont l'entendement, à dire vrai, est la région des vérités universelles. Et il faut considérer que ces vérités nécessaires contiennent la raison déterminante et le principe regulatif des existences mêmes et en un mot les loix de l'univers* u. s. w.

heit, als die Sorgfalt, Genauigkeit und Umsicht eines in den Inhalt der Begriffe sich vertiefenden und den Beziehungen derselben nachgehenden Denkens.[325]) Mehr bedeuten ihm auch die angebornen Vorstellungen nicht (vgl. oben S. 203); und die göttliche Intelligenz ist ihm nicht weniger als die menschliche an den Inhalt des Gedachten gebunden.[326]) Wenn er daher gegenüber den Bestimmungen Locke's über die Realität der Erkenntniss nochmals auf den Satz zurückkommt, die Gewissheit unserer Erkenntniss würde sehr klein und vielmehr gar keine sein, wenn sie keine andere Grundlage hätte, als die, welche ihr die Sinne darbieten,[327]) so war dies um so weniger nöthig, als Locke gerade in dem betreffenden Capitel die nothwendige Erkenntniss in ein Gebiet von Begriffen verlegt, welche sich auf die äussere Erfahrung beziehen mögen, aber nicht von ihr entlehnt sind. Den merkwürdigen Gedanken Locke's, dass die nothwendigen Erkenntnisse der Mathematik desshalb über die Grössenverhältnisse der wirklichen Dinge entscheiden, weil es sich dabei nicht um eine Uebereinstimmung unserer Vorstellungen mit den Dingen, sondern um die Uebereinstimmung der Dinge mit den Vorstellungen handle, übergeht Leibniz mit Stillschweigen.

Bei diesem Einverständniss über die wichtigsten Hauptpunkte dürfte die Gereiztheit, in welche Leibniz ausnahmsweise in seinen Bemerkungen über das 5. Capitel des vierten Buchs verfällt, Wunder nehmen, wenn es nicht deutlich wäre, dass er hier eben so in einem Missverständnisse befangen ist, wie oben bei seiner Polemik gegen die Unterscheidung des nominellen und reellen Wesens (vgl. S. 231). Dass Wahrheit ein Prädicat der Urtheile und nicht der Dinge sei, darüber ist er mit Locke einverstanden (vgl. oben Anm. 279); gleichwohl verwirft er hier die Locke'sche Definition der Wahrheit, dass sie eine den Verhältnissen der Sache d. h. des Gedachten entsprechende Verknüpfung und Trennung der Zeichen sei. Aus den etwas kleinlichen Ausstellungen, die

---

325) Es ist in dieser Beziehung charakteristisch, dass Leibniz (p. 364*a*) der Locke'schen Berufung auf die Wahrhaftigkeit Gottes rücksichtlich geoffenbarter Wahrheiten entgegenhält: *Ce principe même de la véracité de dieu, sur lequel vous reconnoissez que la certitude de révélation est fondée, n'est il pas une maxime prise de la théologie naturelle?*

326) Vgl. z. B. a. a. O. p. 348*a*. 355*a*.

327) a. a. O. p. 353*a*.

er dagegen macht,[328]) muss man schliessen, dass es zunächst die Verknüpfung oder Sonderung in der Form des Urtheils ist, welche er in der Definition vermisst; Locke hatte aber in der That so oft und so bestimmt ausgesprochen, dass alle Wahrheit in Sätzen, also in Urtheilen besteht, dass er in der betreffenden Stelle (s. oben Anm. 188) sich der minutiösen Sorgfalt überheben durfte, statt: *truth seems to me to signify* zu sagen: *a true proposition seems to me to be* u. s. f., zumal er unmittelbar darauf selbst hinzusetzt: *truth properly belongs to propositions*. Ganz unwillig aber wird Leibniz über die Locke'sche Unterscheidung zwischen begriffsmässiger und sprachlicher Wahrheit (*vérité mentale* und *nominale*), indem er Locke'n die Ansicht unterschiebt, dass er der letzteren denselben Werth beilege wie der ersteren, oder überhaupt mehrere Sorten von Wahrheit einführen wolle. Die Wahrheit bestehe nicht in den Worten; daraus würde folgen, dass eine in lateinischer, deutscher, englischer, französischer Sprache ausgesprochene Wahrheit je nach den verschiedenen Sprachen immer eine andere Wahrheit sei, und dass man nicht nur eine *vérité mentale* und *nominale*, sondern auch eine *litterale* annehmen könne, indem man die Wahrheiten unterscheide, je nachdem sie auf Pergament oder Papier gedruckt, in gewöhnlicher Tinte oder mit Druckerschwärze sichtbar seien.[329]) Es genügt hier wohl die Erinnerung daran, dass Locke die ganze Unterscheidung lediglich desshalb eingeführt hatte, um die sprachliche Richtigkeit eines Satzes von seiner begriffsmässigen Gültigkeit zu sondern; eben weil er einen Hauptgrund der Mängel der Erkenntniss darin fand, dass das menschliche Denken sich von der schon vorhandenen und fixirten Sprache nur mit Mühe und eigentlich niemals ganz vollständig losmachen kann, ging seine Absicht dahin zu zeigen, dass das an den Worten klebende Denken nur ein ein-

---

328) a. a. O. p. 355*a*. *Un epithète ne fait pas une proposition; par exemple l'homme sage. Cependant il y a une conjonction de deux termes. Négation est aussi autre chose que séparation; car disant l'homme, et après quelque intervalle prononçant sage, ce n'est pas nier. La convenance aussi ou la disconvenance n'est pas proprement ce qu'on exprime par la proposition. Deux oeufs ont de la convenance et deux ennemis ont de la disconvenance. Il s'agit ici d'une manière de convenir et disconvenir toute particulière.* Diese *manière toute particulière* bestimmt anzugeben unterlässt Leibniz.

329) a. a. O. *Ce que je trouve le moins à mon gré dans votre définition de la vérité c'est qu'on y cherche la vérité dans les mots.* Dann folgen die obigen Consequenzen mit den angeführten Beispielen.

gebildetes Wissen enthalte. Dergleichen Albernheiten, wie ihm Leibniz hier aufbürdet, liess er denn doch nicht an sich kommen.

Von grösserem Interesse ist schliesslich die Art, wie Leibniz Locke'n gegenüber den Begriff der Wahrscheinlichkeit behandelt. Die von Locke gezogene Grenzlinie zwischen strengem Wissen und einem auf Wahrscheinlichkeitsgründen beruhenden Fürwahrhalten erkennt er im allgemeinen an, aber während Locke die Wahrscheinlichkeit als auf einen scheinbaren Zusammenhang der Vorstellungen gegründet betrachtet, fasst er, so weit sich dieselbe nicht lediglich auf die Constatirung von Thatsachen durch das Zeugniss Anderer bezieht, ihren Begriff schärfer auf; für die Wahrscheinlichkeit bedarf es nicht scheinbarer, sondern ebenfalls wirklicher Gründe, die aber so beschaffen sind, dass aus ihnen nicht die ganze Wahrheit, sondern nur ein Theil der Wahrheit folgt; das Wahrscheinliche ist eine unvollständig bewiesene Wahrheit.[330]) Neben einer ausführlichen Erörterung über die Bedingungen und Grade der historischen Wahrscheinlichkeit[331]) weist er daher auf die Möglichkeit hin, die Grade der Wahrscheinlichkeit mathematisch zu bestimmen; in einer erschöpfenden Ausführung der Wahrscheinlichkeitsrechnung sieht er eine neue Art der Logik, ein wichtiges Hülfsmittel für die Kunst der Erfindung.[332])

Auf die Anwendungen endlich, welche Locke von dem Unterschiede zwischen strengem Wissen und einem nicht streng begründeten Fürwahrhalten auf das Verhältniss zwischen Vernunft und Offenbarungsglauben gemacht hatte, geht Leibniz in einer Weise ein, die den schlichten Entscheidungen Locke's mehr auszuweichen, als sie zu widerlegen sucht. Zwar darin, dass man in Sachen des Offenbarungsglaubens auf den Gebrauch der Vernunft nicht Verzicht leisten dürfe, stimmt er Locke'n bei; er billigt es, dass der Glaube auf Vernunft gegründet werden soll; welchen Grund hätten wir sonst, die Bibel dem Koran oder den Büchern der Braminen vorzuziehen? Verständige Personen hätten daher nie ein sonderliches Zutrauen zu Leuten gehabt, die behaupten,

---

330) a. a. O. p. 393*b*. *Ces liaisons (des idées) sont mêmes nécessaires quand elles ne produisent qu'une opinion, lorsqu' après une exacte recherche la prévalence de la probabilité autant qu'on peut juger peut être démontrée, de sorte qu'il y a démonstration alors non pas de la vérité de la chose, mais du parti.*

331) a. a. O. p. 389*a* — 391*b*.

332) a. a. O. p. 388*b*.

dass man in Glaubenssachen sich um Gründe nicht zu bekümmern brauche; ein ohnedies unmögliches Ding, wenn Glauben etwas mehr bedeuten solle, als Wiederholen und Hersagen.[333]) Aber schon die Frage, ob, wo der buchstäbliche Sinn der Religionsurkunde eine logische oder eine physikalische Unmöglichkeit enthalte, es vernünftiger sei, den buchstäblichen Sinn oder das philosophische Princip fallen zu lassen, entscheidet er nur in dem Falle zu Gunsten des letzteren, wo es keine Schwierigkeit mache, den buchstäblichen Sinn aufzugeben, wie z. B. wenn Gott menschliche Gliedmassen beigelegt werden [334]) Auch mit der Grenzlinie, welche Locke zwischen dem, was gegen und was über die Vernunft sei, gezogen hatte, ist er nicht ganz einverstanden. Die Definition, das übersteige die Vernunft, wovon die Wahrheit oder Wahrscheinlichkeit nicht mit Hülfe der Vernunft aus den Principien der Erkenntniss abgeleitet werden könne, sei theils zu weit, theils zu eng; sie umschliesse Alles das, was wir nach unserer gegenwärtigen Lage nicht wissen und nicht wissen können, z. B. ob in einem bestimmten Jahre ein Ausbruch des Vesuvs erfolgen werde; und schliesse das aus, was zwar für uns, aber nicht an sich unmöglich sei, wie z. B. die Berechnung einer Sonnenfinsterniss, ohne die Feder zu Hülfe zu nehmen und in einer Zeit, in der man ein Vaterunser betet.[335]) Selbst wenn man das Merkmal hinzunehme, dass das, was über die Vernunft sei, die natürliche Erkenntnissfähigkeit jedes geschaffenen Geistes überschreite, so reiche dies nicht aus; denn Gott sei immer im Stande, Mittel darzubieten, durch Sensation und Reflexion jede Wahrheit zugänglich zu machen, wie denn in der That die grössten Mysterien uns durch das Zeugniss Gottes bekannt würden, die man kraft gewisser von Sensation und Reflexion abhängiger Glaubensmotive anerkenne.[336]) Zuletzt gesteht er aber der

---

333) a. a. O p. 402*b*. *Je vous applaudis fort, Monsieur, lorsque vous voulez que la foi soit fondée en raison; sans cela pourquoi préférions-nous la bible à l'alcoran ou aux anciens livres des Bramines?* p. 403*a*. *Aussi les personnes sages ont toujours tenu pour suspects ceux qui ont prétendu qu'il ne falloit point se mettre en peine des raisons et preuves, quand il s'agit de croire; chose impossible en effet à moins que croire ne signifie que réciter ou répéter et laisser passer sans s'en mettre en peine.*

334) a. a. O. p. 405*a*. *b*.

335) a. a. O. p. 402*a*.

336) a. a. O. p. 402*b* *Dieu pourra toujours donner des moyens d'apprendre par la sensation et la réflexion quelque vérité que ce soit; comme en effet les plus grands my-*

ganzen Erörterung über das Verhältniss zwischen Vernunft und Offenbarungsglauben nur unter der Bedingung eine unwiderlegliche Berechtigung zu, dass man unter Glauben eben ein auf Motive der Glaublichkeit gegründetes Fürwahrhalten verstehe, ohne dabei auf die innere Gnade, die den Geist unmittelbar bestimme, eine Rücksicht zu nehmen. Diese innere Gnade ergänze den Mangel der Glaubensmotive auf übernatürliche Weise. Nun wirke zwar Gott durch diese innere Gnade immer nur in den Fällen, wo der Inhalt des Glaubens auch auf die Vernunft gegründet sei; ausserdem würde er die Mittel, die Wahrheit zu erkennen, selbst zerstören und der Schwärmerei Thür und Thor eröffnen; andrerseits sei es aber auch nicht nöthig, dass alle die, welche unter dem Einflusse dieser Gnadenwirkungen stehen und diesen gottgewirkten Glauben haben, die Gründe dessen, was sie glauben, kennen und immer gegenwärtig haben.[337]) Locke würde diesen Sätzen gegenüber vielleicht gefragt haben, woran man solche unmittelbare Gnadenwirkungen von jeder beliebigen schwärmerischen Einbildung unterscheiden könne; soll die Wahrheit des Glaubens den Rückschluss auf die Gnadenwirkung bedingen, so hatte er sich eben in dem Capitel über den Enthusiasmus viele Mühe gegeben zu zeigen, dass die Entscheidung über die Wahrheit oder Glaublichkeit der Glaubenssätze eben dem vernünftig prüfenden Denken anheimfalle. Dass Leibniz zugesteht, wenn man von den unmittelbaren Gnadenwirkungen absehe, sei Alles das, was Locke sage, unwiderleglich, ist jedenfalls wichtiger, als die theologische Belesenheit, die er bei dieser Gelegenheit ausbreitet.[338])

XIV.

Die Gegenüberstellung der Erörterungen beider Denker über die Grundlagen der menschlichen Erkenntniss berechtigt nicht nur, sondern nöthigt zu dem Satze, dass die Differenzen zwischen beiden bei weitem

---

stères nous deviennent connus par le temoignage de dieu, qu'on reconnoit par les motifs de crédibilité Et ces motifs dépendent sans doute de la sensation et de la réflexion.

337) a. a. O. p. 404*b*.

338) a. a. O. p. 404*a*. *b*. *Si vous prenez la foi pour ce qui est fondé dans les motifs de crédibilité et la détachez de la grace interne, qui y détermine l'esprit immédiatement, tout ce, que vous dites, est incontestable* u. s. w.

nicht so durchgreifend sind als die Uebereinstimmung, ja dass jene hinter diese rücksichtlich der Principien als nichts entscheidend zurücktreten. Den stärksten Gegensatz zwischen beiden hat man fast allgemein in der Leugnung oder Behauptung angeborner Begriffe oder Erkenntnisse gefunden; aber dieser Gegensatz ist nicht vorhanden, indem Leibniz angeborne Erkenntnisse nicht in dem Sinne behauptet, in welchem Locke sie leugnet. Das Motiv der Annahme angeborner Erkenntnisse liegt für ihn in der Einsicht, dass die Erfahrung zu keiner nothwendigen und streng allgemeinen Erkenntniss führe; das Angeborensein einer Erkenntniss bedeutet ihm wesentlich die Unabweisbarkeit eines Denkens, welches gewissen Begriffen und Begriffsverbindungen unabhängig von den Belegen der Erfahrung in Folge einer unmittelbaren oder mittelbaren Evidenz Gültigkeit beizulegen nicht umhin kann. In diesem Sinne sagt er, dass, um angeborne Erkenntnisse zu prüfen, d. h. um zu entscheiden, welche Erkenntnisse angeboren sind, weil sie den Charakter einer unabweislichen von der Erfahrung unabhängigen Nothwendigkeit und Allgemeingültigkeit haben, man suchen müsse, sie mittelst der Definitionen auf identische Axiome zurückzuführen (vgl. oben Anm. 228. 230); in diesem Sinne kommt ihnen ihre Gewissheit lediglich von dem, was in uns ist; und wenn er einzelne Begriffe wie den des Seins, der Möglichkeit, der Gleichheit u. s. w. für angeboren erklärt, so verliert diese Berufung auf das Angeborensein bestimmter Begriffe jede sie vorzugsweise charakterisierende Bedeutung gegenüber der Erklärung, dass diese Begriffe nur virtuell in uns sind und dass alle aus nothwendigen Folgerungen hervorgehende Erkenntnisse ebenfalls angeboren genannt werden können. Nimmt man dazu die Erklärung, dass alle ewigen Wahrheiten die Form eines hypothetischen Urtheils haben, d. h. abhängig sind von dem Inhalte und der Verknüpfung der Begriffe, um die es sich handelt (vgl. oben Anm. 323), und dass mithin jede als angeboren auftretende Erkenntniss sich eine Kritik ihrer Gültigkeit und Nothwendigkeit gefallen lassen müsse,[339]) so darf man sagen, dass die Streitfrage, ob und in welchem Sinne es angeborne Begriffe oder Erkenntnisse gebe, weder für Locke noch für Leibniz principiell entscheidend ist; beide berufen sich

339) Beispielsweise mag noch angeführt werden, dass Leibniz den Cartesianischen Beweis für das Dasein Gottes aus dem Angeborensein der Idee Gottes a. a. O. p. 375*a* für ganz untriftig erklärt.

nicht auf die Naturgeschichte des Begriffs, wo es sich um die Nothwendigkeit der Erkenntniss handelt, sondern für beide ist diese Nothwendigkeit durch den Inhalt der Begriffe und die davon abhängige Verknüpfung derselben bedingt. Mit einem Worte, beide finden die Stützpunkte der wahren Erkenntniss nicht in der Psychologie, sondern in der Logik, und zwar in der über die Zulässigkeit oder Nothwendigkeit der Gedankenverbindungen nach dem Satze der Identität und des Widerspruchs entscheidenden Logik.

Es ist in dieser Beziehung von Interesse zur Feststellung der Leibnizischen Lehre den kleinen Aufsatz: *meditationes de cognitione, veritate et ideis* aus dem Jahre 1684 ins Auge zu fassen, auf welchen Leibniz so grossen Werth legt, dass er in den *nouveaux essais* mehrmals (p. 288, 307) auf ihn ausdrücklich verweist. Die Veranlassung dazu gab ihm das Cartesianische: *quidquid clare et distincte de re aliqua percipio, id est verum seu de ea enuntiabile;* die Absicht desselben gibt er dahin an, seine Ansicht über die Unterschiede und Kriterien der Begriffe und der Erkenntnisse auszusprechen.[340]) Ohne die leiseste Berührung der Frage nach dem Ursprunge der Begriffe beginnt er hier mit den Definitionen der Klarheit und Dunkelheit, der Deutlichkeit und Verworrenheit eines Begriffs, in derselben Art, wie er diese Unterschiede Locke gegenüber bestimmt (vgl. oben Anm. 269). Zusammengesetzte Begriffe, bei denen die Merkmale zwar klar, aber nicht selbst wieder deutlich gedacht werden, sind inadäquat; wird die Analyse bis auf die einfachen Begriffe fortgesetzt, so ist der Begriff und die in ihm liegende Erkenntniss adäquat; eine Art der Erkenntniss, der, wie wenig sie auch in den meisten Fällen erreichbar sein mag, die Arithmetik sich in hohem Grade annähert. Meistentheils begnügen wir uns oder müssen uns begnügen mit einer unvollkommenen Analyse; eine solche Erkenntniss ist die symbolische; intuitiv dagegen ist die Erkenntniss, wo alle in einem zusammengesetzten Begriffe enthaltenen Vorstellungen wenigstens annähernd deutlich gedacht werden; die Erkenntniss zusammengesetzter Begriffe ist meist nur symbolisch.[341])

---

340) Opp. p. 79*a*. *Placet, quid mihi de discriminibus et criteriis idearum et cognitionum statuendum videatur, explicare.*

341) a. a. O. p. 79*b*. 80*a*. Das Wort intuitiv wird also hier in einem andern Sinne gebraucht, als bei Locke.

Deutliche Erkenntniss haben wir also nur insofern, als wir zugleich den Begriff in intuitiver Weise denken. Daher glauben wir oft lediglich desshalb Begriffe zu haben, weil wir ihre Analyse nicht weit genug fortsetzen; thäten wir dies, so würde sich vielleicht finden, dass der Begriff einen Widerspruch einschliesst. Zur Erläuterung beruft er sich auf ein Beispiel, auf welches er häufig mit Vorliebe zurückkommt, nämlich auf den Anselmischen oder Cartesianischen Beweis für das Dasein Gottes, der erst dann concludent werde, wenn man untersucht habe, ob der Begriff des vollkommensten Wesens möglich sei d. h. ob er nicht etwa einen versteckten Widerspruch enthalte.[342]) Die Realdefinition ist demgemäss eine solche, in welcher zugleich die Entscheidung über die Möglichkeit d. h zunächst die Widerspruchslosigkeit des Begriffs liegt; Realdefinitionen entziehen sich daher der Willkühr, weil nicht alle Begriffe mit allen verknüpft werden können. Daraus erhellt, welche Vorstellungen wahr und welche falsch sind; wahr sind die, deren Begriff möglich ist, falsch, deren Begriff einen Widerspruch einschliesst. Die Möglichkeit oder Widerspruchslosigkeit wird auf doppeltem Wege erkannt, entweder *a priori*, durch Analyse der Begriffe, wenn wir uns dadurch überzeugen, dass der Begriff keinen Widerspruch einschliesst, und ein besonderer Fall davon sind die Causaldefinitionen, die über das Wie der Möglichkeit Aufschluss geben; oder *a posteriori*, durch Auffassung des erfahrungsmässig Gegebenen; denn was wirklich ist, muss möglich sein.[343]) *An vero unquam*, setzt er hinzu, *ab hominibus perfecta institui possit analysis notionum, sive an ad prima possibilia ac notiones irresolubiles sive (quod eodem redit) ipsa absoluta attributa dei, nempe causas primas atque ultimam rerum rationem cogitationes suas reducere possint, nunc quidem definire non ausim.*

Die in den letzten Worten ausgesprochene Gleichstellung der schlechthin einfachen Begriffe mit den absoluten Attributen Gottes und den ersten Ursachen ist jedenfalls hier überraschend, aber sie ändert

342) a. a. O. p. 80*a*. *Ex his jam patet, nos eorum quoque, quae distincte cognoscimus, ideas non percipere, nisi quatenus cogitatione intuitiva utimur. Et sane contingit, ut nos saepe falso credamus habere in animo ideas rerum, cum falso supponimus, terminos quibus utimur, jam a nobis fuisse explicatos Quia hac cogitatione caeca contenti sumus et resolutionem notionum non satis prosequimur, fit, ut lateat nos contradictio, quam forte notio composita involvit.*

343) a. a. O p. 80*b*.

nichts an dem Hauptgedanken, dass die Erkenntniss vor allem Andern in der möglichsten Deutlichkeit dessen besteht, was wir denken; und in dem kurzen, in raschen Gedankenwendungen fortschreitenden *Dialogus de connexione inter res et verba et veritatis realitate* aus dem Jahre 1677 hatte Leibniz schon früher hervorgehoben, dass es eigentlich Verhältnisse sind, deren Gleichheit und Unveränderlichkeit die Grundlage und, darf man hinzusetzen, der Gegenstand der Erkenntniss sind.[344]) Und die oft wiederholte Hinweisung darauf, dass das erkennende Denken Rechenschaft über die Möglichkeit der Begriffe geben müsse, weist, abgesehen von der angeblich reellen Gültigkeit, welche Leibniz in metaphysischer Beziehung dem Möglichen gibt, zuletzt auf eine Vertiefung des Denkens in den Inhalt der Begriffe und die durch diesen Inhalt mitgesetzten Verhältnisse derselben hin, die ihre Norm lediglich in den Gesetzen der Logik findet.[345]) Desshalb gibt es für Leibniz wie für Locke Gebiete eines strengen demonstrativen Wissens, bei welchen es auf die empirische Wirklichkeit der Gegenstände dieses Wissens gar nicht ankommt, und desshalb weist jener eben so wie dieser da, wo es sich um die Erkenntniss der empirischen Wirklichkeit handelt, auf die Erfahrung hin, welche allein die Data zu dieser Art von Erkenntniss darzubieten im Stande ist. Obgleich daher Leibniz rücksichtlich der Methode schärfere und strengere Forderungen an das Denken stellt als Locke, der den logischen Formalismus als einen für den wirklich denkenden Menschen überflüssigen Ballast betrachtete, und obgleich Locke der lebhaften Zuversicht, mit welcher Leibniz seine Metaphysik als eine

---

344) Opp. p. 77*b*. *Etsi characteres sint arbitrarii, eorum tamen usus et connexio habet quiddam, quod non est arbitrarium, scilicet proportionem quandam inter characteres et res, diversorum characterum, easdem res exprimentium, relationes inter se. Et haec proportio sive relatio est fundamentum veritatis* (vgl. p. 78*a*. *b*). Es ist vielleicht nicht überflüssig zu bemerken, dass das Wort *res* hier, wie in ähnlichen Fällen die Worte *objet*, *chose* u. s. w. sowohl den gedachten, als den wirklichen Gegenstand, insofern er eben gedacht wird, bedeutet.

345) Vgl. darüber auch F. Exner's vortreffliche Abhandlung »über Leibnizens Universal-Wissenschaft« (aus d. Abhandll d. K. Böhmisch. Ges. d. Wiss. V. Folge 3. Bd. Prag 1843). »Die Logik«, sagt Exner am Schluss derselben S. 40, »war ihm, was sie wirklich ist, die Wissenschaft, welche das Ideal aller Wissenschaften zeichnet, dem eine jede auf ihre Weise sich zu nähern hat. Und dieses Ideal selbst ist nichts Anderes als vollkommene Deutlichkeit aller Begriffe und ihrer Beziehungen. Echte Wissenschaft und Einigkeit der Denker fliessen allein aus der Klarheit der Gedanken.«

die verschiedenartigsten speculativen Gegensätze glücklich vermittelnde Entdeckung betrachtete, die kühle Unerschütterlichkeit eines kritischen *non liquet* entgegengestellt haben würde, so erkennen doch beide die Thatsächlichkeit des in der innern und äussern Erfahrung Gegebenen und die Nothwendigkeit eines nach dem Inhalte der Begriffe sich richtenden und den Beziehungen derselben nachspürenden Denkens als dasjenige an, was in letzter Instanz über alle Theorieen, selbst die der Erkenntniss nicht ausgenommen, zu entscheiden hat.[346])

Es ist nicht die Absicht, die Parallele zwischen Locke und Leibniz auf Kant auszudehnen; dass aber das Urtheil, welches dieser über beide ausspricht, nicht zutrifft, muss die vorliegende Darstellung gezeigt haben. »Leibniz, sagt Kant,[347]) intellectuirt die Erscheinungen, so wie Locke die Verstandesbegriffe sensificirt, d. i. für nichts, als empirische und abgesonderte Reflexionsbegriffe ausgegeben hatte. Anstatt im Verstande und der Sinnlichkeit zwei ganz verschiedene Quellen von Vorstellungen zu suchen, die aber nur in Verknüpfung objectivgültig von Dingen urtheilen können, hielt sich ein jeder dieser grossen Männer nur an eine von beiden, die sich ihrer Meinung nach unmittelbar auf Dinge an sich selbst bezöge, indessen die andere nichts that, als die Vorstellungen der ersteren zu verwirren oder zu ordnen.« Vielmehr müsste man, wenn man den Kantischen Schematismus der Erkenntnissvermögen auf Locke und Leibniz übertragen will, sagen, dass beide im Verstande und in der Sinnlichkeit zwei verschiedene Quellen von Vorstellungen angenommen haben; dass ferner Leibniz die Erscheinungen eben so wenig intellectuirt, da ihm alles sinnlich Wahrnehmbare eben nur ein System wohlgeordneter Phänomene ist, als Locke die Verstandesbegriffe sensificirt, da das Gebiet der streng demonstrativen Erkenntniss mit der

---

346) In dem oben Anm. 3 angeführten Briefe Leibniz's an Rémond de Montmort vom J. 1714 sagt Leibniz: *Mr. Locke avait de la subtilité et de l'adresse et quelque espèce de métaphysique superficielle qu'il savoit relever, mais il ignoroit la méthode des mathématiciens.* Auf dieses Urtheil ist vielleicht die geringschätzige Art nicht ohne Einfluss gewesen, mit welcher Locke Leibniz's *réflexions sur l'essai de l'entendement humain de Mr. Locke* in einem Briefe an Molyneux mit den Worten abgelehnt hatte: *des futilités de ce genre me font penser qu'il n'est pas ce très grand homme dont on nous a parlé.* Locke hat keine oberflächliche Metaphysik, sondern er leistet mit vollem Bewusstsein der Gründe auf Metaphysik als Erkenntniss des Wesens der Dinge Verzicht; seine Forderungen sind in dieser Beziehung strenger als die Leibniz's.

347) Krit. d. r. V. S. 261.

sinnlichen Erfahrung bei ihm an sich gar nichts zu thun hat und in dieser Beziehung bei ihm, gerade wie bei Kant, unsere Begriffe nicht an den Dingen, sondern diese an unseren Begriffen gemessen werden (s. oben Anm. 185) und dass es wenigstens Locke, der die Dinge an sich, ebenfalls wie Kant, für unbekannt erklärt, nicht beigekommen ist, die sinnlichen Empfindungen in einem andern Sinne, als Kant selbst, auf die Dinge an sich zu beziehen.

Aber Kant hatte für die Erkenntniss in der Frage: wie sind synthetische Urtheile *a priori* möglich? einen Gesichtspunkt aufgestellt, der die Untersuchung über den Gesichtskreis Locke's sowohl als Leibniz's hinauszubeben im Stande gewesen wäre;[348]) denn in dieser Frage liegt die unmittelbare Aufforderung, ihre Beantwortung in den Begriffen selbst und deren nicht blos analytischen Verhältnissen, sondern synthetischen Beziehungen zu suchen. Statt an die Begriffe selbst wendet sich jedoch Kant an die Erkenntnissvermögen; der Grund der Synthesis soll eben nicht in den Begriffen, sondern in den Functionen der Sinnlichkeit, der Einbildungskraft des Verstandes liegen. Desshalb sind psychologische Voraussetzungen bei Kant von viel grösserem Einflusse, als bei Locke, der viel weniger die Erkenntnissvermögen, als die menschliche Erkenntniss zum Gegenstande seiner Kritik gemacht hatte.[349]) Gleichwohl lässt sich die Frage aufwerfen, ob Kant seine Resultate lediglich oder auch nur hauptsächlich auf seinen psychologischen Unterbau gegründet habe, oder habe gründen können.

Den Mittelpunkt seiner theoretischen Ansicht bildet der Satz, dass wir die Dinge an sich nicht kennen, weil wir nun einmal an die reinen Formen der sinnlichen Anschauung und die zwölf Kategorieen gebunden sind und diese factische Gebundenheit unseres Anschauens und Denkens

---

348) Der Begriff eines synthetischen Urtheils kommt weder bei Locke noch bei Leibniz vor. Wie nahe er gleichwohl Locke lag, darüber vergl. oben S. 182. Ebenso findet sich bei Leibniz *nouv. essais* p. 395*a* eine merkwürdige Stelle, wo er sagt: *il faut savoir qu'il y a des consequences asyllogistiques bonnes et qu'on ne sauroit démontrer à la rigueur par aucun syllogisme sans en changer un peu les termes et ce changement même des termes fait la consequence asyllogistique.* Die Beispiele, die er dafür anführt, sind synthetisch verbundene Begriffe.

349) Wenn man den Titel seines Werks *essay concerning human understanding* gewöhnlich übersetzt Versuch über den menschlichen Verstand, so muss bemerkt werden, dass *understanding* ebenso das Verständniss als den Verstand, ebenso die Erkenntniss als das Erkenntnissvermögen bedeutet.

nicht abstreifen können, dergestalt dass wir gar nicht wissen können, ob nicht die Dinge an sich ganz anders beschaffen sind, als wir sie anschauen und denken. Gesetzt nun, es läge wirklich »im menschlichen Gemüthe« eine Summe oder ein System festbestimmter und unüberschreitbarer Anschauungsformen und Begriffe »*a priori* bereit«, durch welche wir den gegebenen Empfindungsstoff aufzufassen unabänderlich bestimmt sind, so liesse sich gerade dann nicht einsehen, wie auch nur der leiseste Gedanke daran sollte entstehen können, dass die Dinge möglicherweise anders beschaffen seien, als wir sie vorzustellen genöthigt sind; alles menschliche Denken wäre an den von der Natur vorgezeichneten Vorstellungskreis gebunden und eine Unterscheidung zwischen Phänomenen und Noumenen wäre unmöglich. Wenn also eine Incongruenz zwischen unseren Vorstellungsarten und den Dingen behauptet oder nachgewiesen wird, so dürfen diese Vorstellungsarten keine unabänderlich und fest bestimmten sein, sondern der in uns vorhandene, gleichviel wie entstandene Gedankenkreis muss so weit veränderlich und beweglich sein, dass sich die Gedanken selbst an einander messen und gegenseitig modificiren können; nur unter dieser Voraussetzung ist es möglich, dass sich in dem factisch vorhandenen Gedankenkreise Lücken oder Widersprüche verrathen, die es verbieten sich bei ihm schlechthin zu beruhigen. Alle Philosophie ist ein Zersetzungsprocess des alten und ein Bildungsprocess eines neuen Gedankenkreises.

Fragt man nun nach den Mitteln, durch welche Kant die unbefangene Voraussetzung zerstört, dass die Welt wirklich so beschaffen sei, wie wir sie vorstellen, so liegen diese nicht in seiner Sonderung einer bestimmten Anzahl von Seelenvermögen sammt den jedem einzelnen derselben beigelegten Functionen, sondern in Begriffsbestimmungen, die von diesem psychologischen Apparat ganz unabhängig sind. Vor allem in der Unterscheidung zwischen Denken und Erkennen. Zum Erkennen gehört zweierlei, Anschauung und Begriff; wo ein gegebener Gegenstand nicht durch Begriffe gedacht, und für einen gedachten Begriff kein Gegenstand gegeben werden kann, ist keine Erkenntniss, sondern dort eine gedankenlose Thatsache, hier ein leerer Begriff. Dieser Fundamentalsatz hängt in seiner Gültigkeit nicht davon ab, dass gerade nur die Sinnlichkeit die Gegenstände gibt und der Verstand sie denkt; wohl aber steht für Kant diese in den Begriff der Erkenntniss aufgenommene Beziehung der Gedanken auf empirische Objecte dergestalt fest, dass nicht nur die Kategorieen keine Erkenntniss darbieten, als nur »durch ihre mögliche Anwendung auf empirische Anschauung«, sondern dass er selbst der Mathematik nur in so fern den Namen der Erkenntniss zugestehen will, als die mathematischen Begriffe auf empirische Anschauungen angewendet werden können.[350]) Dieser Bestimmung des Begriffs der Erkenntniss im Gegensatze zu dem blossen Denken liegt aber bei Kant stillschweigend noch ein anderer, von ihm allerdings erst in der Kritik des ontologischen Beweises für das Dasein Gottes hervorgehobener Begriff zu Grunde, nämlich der des Seins; und erst durch die in dem Begriff des Seins liegende Unabhängigkeit des Seienden von dem Denken bekommt die Unterscheidung des Dings an sich von der Vorstellung ihren Haltepunkt. Indem nun die Dinge an sich und die in uns liegenden Formen der Anschauung und des Denkens einander gegenübertreten, bewegt sich die Kantische Kritik allerdings vorzugsweise auf dem auf der Seite des Subjects liegenden Gebiete und der positive Inhalt seiner Analytik der Begriffe und Grundsätze des reinen Verstandes besteht zum grossen Theil lediglich in der Exposition der durch die ältere Schulmetaphysik formulirten Vorstellungsarten, jedoch unter der fortwährenden Erinnerung daran, dass alle diese Begriffe und Grundsätze eine Bedeutung nur durch ihre Beziehung auf mögliche Erfahrung erhalten und dass wir die Dinge an sich dadurch nicht kennen lernen. Es ist nicht ohne Nutzen, in dieser Hinsicht den ganzen Abschnitt: »systematische Vorstellungen aller synthetischen Grundsätze des reinen Verstandesgebrauchs« durchzugehen, vorzüglich die auf die Begriffe der Substanz und der Causalität sich beziehenden Parthieen, in denen er auf jede Untersuchung des Begriffs entweder geradezu Verzicht leistet oder dessen Unbegreiflichkeit einfach durch die Berufung auf die Gewalt der sinnlichen Anschauung umgehen zu können glaubt.[351])

---

350) Kr. d. r. Vern. S. 138. 139. Wenn Kant erklärt, dass die Möglichkeit der Mathematik als Wissenschaft nur durch seine Lehre von Raum und Zeit als den reinen Formen der sinnlichen Anschauung begreiflich werde (Kr. d. r. V. S. 46 flgg. 65), so ist es der Mühe werth, damit zu vergleichen was Leibniz *nouv. essais* p. 361—363 über die Gründe der mathematischen Erkenntniss sagt. Die Arithmetik geht bei Kant ohnedies ziemlich leer aus; die Geometrie aber hat es überall lediglich mit bestimmten räumlichen Verhältnissen zu thun und der allgemeine Begriff des Raums ist für sie sehr gleichgültig; in der allgemeinen Form des Raums liegt aber nicht der geringste Entscheidungsgrund über irgend ein bestimmtes räumliches Verhältniss.

351) Rücksichtlich des Begriffs der Substanz vgl. Kr. d. r. V. S. 190—195. —

Wo jedoch Kant die die Grenze der Erfahrung überschreitenden Behauptungen einer dogmatischen Metaphysik bestreitet und widerlegt, zeigt sich, dass seine Beweise der Unmöglichkeit einer dogmatischen Beantwortung der betreffenden Fragen entweder auf den Mangel ausreichender Data der Erfahrung oder auf die den dogmatischen Behauptungen nachweisbaren Sprünge und Fehlschlüsse oder auf die Begriffe selbst und die in ihnen liegenden unauflöslichen Schwierigkeiten sich stützen. Das erste tritt besonders deutlich in der Kritik aller speculativen Theologie hervor, in welcher Beziehung er selbst abschliessend sagt (S. 488): »Wollte man lieber alle obige Beweise der Analytik in Zweifel ziehen, als sich die Ueberredung von dem Gewichte der so lange gebrauchten

Rücksichtlich der Veränderung und der Causalität sagt er a. a. O. S. 234: »Um Veränderung als die dem Begriffe der Causalität correspondirende Anschauung darzustellen, müssen wir Bewegung, als Veränderung im Raume, zum Beispiele nehmen.... Veränderung ist Verbindung contradictorisch einander entgegengesetzter Bestimmungen im Dasein eines und desselben Dings. Wie es nun möglich sei, dass aus einem gegebenen Zustande ein ihm entgegengesetzter desselben Dinges folge, kann nicht allein keine Vernunft sich ohne Beispiel begreiflich, sondern nicht einmal ohne Anschauung verständlich machen und diese Anschauung ist die der Bewegung des Punkts im Raume.« Also würde wirklich durch die Bewegung des Punkts im Raume das Gelbwerden der Blätter im Herbste verständlich und durch ein solches Beispiel die Veränderung für die Vernunft begreiflich? — Wie wenig die Frage nach einer berichtigenden Umbildung der vorhandenen gleichviel ob *a priori* gegebenen oder erworbenen Vorstellungsarten in dem Gesichtskreis Kant's lag, zeigen solche Stellen, wo er eigentliche Definitionen der Kategorieen und der davon abhängigen Begriffe für eine gar nicht so schwere Sache erklärt. »Der Definitionen der Kategorieen überhebe ich mich in dieser Abhandlung geflissentlich, sagt er S. 112, obwohl ich im Besitze derselben sein möchte ... Aus dem Wenigen, was ich hievon angeführt habe, leuchtet deutlich hervor, dass ein vollständiges Wörterbuch mit allen dazu erforderlichen Erläuterungen nicht allein möglich, sondern auch leicht sei zu Stande zu bringen.« Und S. 207 sagt er: »diese Causalität führt auf den Begriff der Handlung, diese auf den der Kraft, und dadurch auf den Begriff der Substanz. Da ich mein kritisches Vorhaben nicht mit Zergliederungen bemengen will, so überlasse ich die umständliche Erörterung derselben einem künftigen System der reinen Vernunft; wiewohl man eine solche Analysis in reichem Maasse auch schon in den bisher bekannten Lehrbüchern dieser Art trifft.« Die Ausführung des »Systems der reinen Vernunft« scheint er sich so gedacht zu haben, dass es nicht nöthig sein würde, an den hergebrachten metaphysischen Begriffen sonderlich viel zu ändern, nachdem einmal die Kritik der reinen Vernunft das dogmatische Vorurtheil zerstört habe, dass sie eine Bedeutung für die Erkenntniss der Dinge an sich haben. »Die Fächer sind einmal da, es ist nur nöthig sie auszufüllen« S. 113.

Beweisgründe rauben lassen, so kann man sich doch nicht weigern, der Aufforderung ein Genüge zu thun, wenn ich verlange, man solle sich wenigstens darüber rechtfertigen, wie und vermittelst welcher Erleuchtung man sich denn getraue, alle mögliche Erfahrung durch die Macht blosser Ideen zu überfliegen. Ich halte mich an der einzigen billigen Forderung, dass man sich allgemein aus der Natur des menschlichen Verstandes, sammt allen übrigen Erkenntnissquellen darüber rechtfertige, wie man es anfangen wolle, sein Erkenntniss ganz und gar *a priori* zu erweitern, und bis dahin zu erstrecken, wo keine mögliche Erfahrung und mithin kein Mittel hinreicht, irgend einem von uns selbst ausgedachten Begriffe seine objective Realität zu versichern.« Für das zweite kann vornehmlich die Darlegung des Paralogismus der reinen Vernunft als Beispiel gelten, die eben den Fehlschluss von der Einheit des Selbstbewusstseins auf die Einfachheit des Seelenwesens aufdeckt. Das dritte endlich belegt der ganze Abschnitt von den Antinomieen; der dialektische Widerstreit besteht hier ganz und gar in der Darlegung der Consequenzen, die aus gleich möglichen Voraussetzungen sich ableiten lassen. Die Antinomieen sind Schlussreihen, deren entgegengesetzte Resultate (vorausgesetzt, dass die Annahmen, aus welchen Kant argumentirt, alle gleich möglich und die Argumentationen fehlerlos sind,) lediglich darauf hinweisen, dass der angebliche Widerstreit der Vernunft mit sich selbst oder mit dem Verstande ein Widerstreit der Begriffe selbst sei. Und so verwandelt sich unwillkührlich selbst für Kant die Kritik der Erkenntnissvermögen in eine Kritik der Begriffe.

Alle Wissenschaft will sein ein System nothwendiger, unter einander durchgängig übereinstimmender Gedanken. Und wenn die Frage nach der Congruenz dieser Gedanken mit den Dingen immer wieder eine Frage an das Denken ist und ihre bejahende oder verneinende Antwort nur durch das Denken und für das Denken finden kann, so wird der Versuch, unabhängig von den Objecten der denkenden Untersuchung eine Theorie der Erkenntniss aufzustellen, unsicher sein, so lange nicht das System derjenigen Gedanken, durch welche die Phänomene und Thätigkeiten des geistigen Lebens als besondere Fälle einer allgemeinen Gesetzmässigkeit begreiflich werden sollen, bis zu einer gewissen Reife und Sicherheit gediehen ist. Getrieben von den Lücken und Widersprüchen des eigenen Gedankenkreises, gleichviel ob er seine Quelle in der Erfahrung oder in einer von der Erfahrung unabhängigen Mitgift der Natur hat, — denn warum sollte es blos angeborne, der Verdunkelung ausgesetzte Wahrheiten und nicht auch angeborne, der Berichtigung fähige Irrthümer geben können? — getrieben von diesen Lücken und Widersprüchen vertieft sich das Denken in die Gedanken und dadurch in die Dinge, welche es denkt; so arbeitet es fort, fortschreitend von Gedanken zu Gedanken, wie ein Bergmann in einem dunkeln Schachte, und von den in den Begriffen selbst und deren Verhältnissen und Beziehungen liegenden Weisungen hängt es ab, ob es auf diesem dunkeln Wege die bunte und heitere Welt der objectiven Realität verliert oder sie und in ihr sich selbst als Product oder Glied eines erkannten Systems in einander greifender Ursachen, Gesetze und Zwecke wiederfindet.

Verbesserungen.

S. 117, Anm. Z. 9 v. u. l. *they* f. *the*.
» 118, » » 10 v. u. l. *the* f. *tho*.
» 123, Z. 6 v. o. l. was von aussen ins Bewusstsein eintritt f. was im Bewusstsein geschieht.
» 139, » 19 v. u. l. *talke* f. *take*.
» 148, » 5 v. o. l. unsere Vorstellung des Zeitlichen bleibt f. unsere Vorstellung bleibt.
» 153, » 2 v. u. streiche *that*.
» 157, » 5 v. o. l. entspricht f. entsprechen.
» 183, » 11 v. o. l. diese f. diesen.